这样好读的历史

两晋南北朝
上

黄粱/著

人民文学出版社 天天出版社

图书在版编目（CIP）数据

两晋南北朝：全2册 / 黄粱著. -- 北京：天天出版社，2024.3
（这样好读的历史）
ISBN 978-7-5016-2189-7

Ⅰ.①两… Ⅱ.①黄… Ⅲ.①中国历史 – 魏晋南北朝时代 – 少儿读物 Ⅳ.①K235.09

中国国家版本馆CIP数据核字(2024)第034133号

责任编辑：王　苗　　　　　　美术编辑：林　蓓
责任印制：康远超　张　璞

出版发行：天天出版社有限责任公司
地　址：北京市东城区东中街 42 号　　　邮　编：100027
市场部：010-64169902　　　　　　　　传　真：010-64169902
网　址：http://www.tiantianpublishing.com
邮　箱：tiantiancbs@163.com

印　刷：保定市中画美凯印刷有限公司　　经　销：全国新华书店等
开　本：880×1230　1/32　　　　　　　　印　张：13.375
版　次：2024 年 3 月北京第 1 版　　印　次：2024 年 3 月第 1 次印刷
字　数：221 千字

书　号：978-7-5016-2189-7　　　　　　定　价：68.00 元(全 2 册)

版权所有·侵权必究
如有印装质量问题，请与本社市场部联系调换。

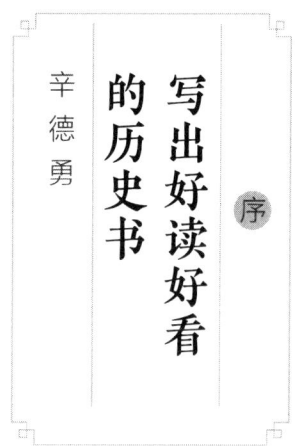

写出好读好看的历史书

序　辛德勇

天天出版社写给孩子们的历史书付印在即,嘱咐我写几句话,给读这套书的小朋友们。

这套"这样好读的历史",作者和出版者想要提供给小读者的,是一套好读的书,是想向小读者们展现一幅幅好看的历史画面,一位位有意思的历史人物,以及一个个有趣的启发问题。

把历史书写得好读好看,是一件不大容易的事。这套"这样好读的历史",作者和天天出版社都花费了很大心力。这些心力,最关键的,就花费在这套书的创作主旨和写作方式上了。

那么,他们花这么大心力干什么呢?目的很简单,就是让历史书变得好读，就是想把好读的历史书摆在小读者的面前。好读并不只是说读起来简单，读起来容易，更重要的，是要读着有意思，舍不得停下来，也就是像那个成语讲的那样——欲罢不能。若换更浅显易懂的大白话来表述，那就是"好看"，这套书的内容编排和表述形式都会让小朋友们喜欢。

各位小读者读历史书，当然大多数人主要接触的是学校的历史课本。可在我看来，历史课本里具体的历史人物和历史事件太少，抽象的历史观念和历史认识又太多。一副干巴巴的面孔，很不讨人喜欢，甚至会让小朋友们望而生畏，读而生厌。

可看看身边的情况就能够明白，我们很多小朋友是很喜欢看历史题材的影视作品的，也很喜欢玩历史题材的电子游戏，这说明大家不仅不讨厌历史，还很喜欢历史，只是喜欢那些更加具体的人物活动、历史事件而已。而这些内容在现行历史课本里恰恰是很少看到的。

不管做什么事，不管是谁，缺什么，就得补什么，这是通行古今、遍及寰宇的道理。这套"这样好读的历史"，就是给小朋友们增补历史知识的：书中写了一个个活生生的、有血有肉有性情的历史人物，一件件充满戏剧性情节的历史事件，能把小读者带入历史场景中，切实地去感受和体会。

这样的历史人物和历史事件，在某些历史学专家，或者更准确地说是在大多数历史学专家的眼中，往往会觉得太表层，不够深入，不能很好地体现出历史发展的内在机制，所以不愿意多加关注；至少觉得青少年在学习历史时不应过多关注这些具体的人和事，更应该去追寻那些历史发展的内在规律。现行的中学乃至大学历史教科书，编著者瞩目的焦点就是如此。

这是一种很"正规"的想法和做法，既然"正规"，自然就一定会有它合理的一面。然而，这并不一定完全符合人们认识历史的路径。学习历史，认识历史，和学习所有其他知识、事物一样，一般都应该是由具体到抽象，由个别到一般；再说，我们学习历史、认识历史的目的，不一定是非得去追寻那些一般性的宏大规律不可，也不一定非要去弄明白那些深层的社会机理不可。满足好奇的欲望，丰富自身的知识，同样也是一种极其正常而且相当普遍的需求。对年幼的小朋友们来说，尤其如此。

其实那些看起来俨乎其然的"正规"大道理，至少是不能体现人类历史的完整面貌的；甚至可以说，这些"正规"大道理涉及的只是人类丰富历史活动中一个非常有限的侧面。

从中国古代史书的体裁及其演变过程来看，像《史记》《汉书》这样的"纪传体"史书，出现的时间相对来说是比较晚的。在这之前，世卜通行的是像《春秋》和《左传》这样的"编年体"史书。这种"编年体"史书的基本特点，是严格按照史事发生的前后顺序来做客观的记述，一件事是一件事。好处是，每一件事发生的时间都很精准，可坏处也很明显，就是干巴巴的。读着，内容不连贯；瞅着，书中描摹的景象也不好看。

至西汉中期，司马迁撰著《史记》，开创了"纪传体"这一全新的史书体裁。所谓"纪传体"，就是其构成部件，既有本纪，又有列传。本纪，实质上是对编年体史书的继承，而列传则主要是人物的传记。司马迁在列传中选取的是各个时代、各个方面最有代表性的人物，可以说三教九流，一应俱全。

太史公司马迁是想通过这些代表性人物来体现一个时代的整体风貌，全面、具体而又鲜活。就这样，历史著述的形式开始变得好读了，内容也好看了。可大家千万不要以为司马迁这么做只是为了愉悦读者，这是基于他对个人命运的深切关怀。所谓历史，就是人类过去的经历，不过"人类"只是一个笼统的概念，事实上人类历史是由千千万万具体的个人缔造的。司马迁选取各个方面的代表性人物，记下他们每一个人独特的经历，实际上是深刻而又全面地为后世留下了历史的真实面貌。正因为如此，这种纪传体史书成为中国古代史学著述的骨干，历代所谓"正史"，也就是众所周知的《二十四史》，就都是这种体裁。

现在，了解到上述历史因缘，大家也就很容易理解，天天出版社呈现给小朋友们的这套"这样好读的历史",向小朋友们讲述各个历史时期的代表性人物,讲述这些人物所参与、所经历的重要事件,沿承的正是司马迁开创的这种优良的史学传统,必定会激发小读者们对历史的兴趣,让各位小读者愿意学历史,喜欢学历史,从而也一定会大大帮助他们更好地认识历史,具体地体会学校历史课本的内容。

这真是一套既好读又好看的历史书,相信小朋友们一定会喜欢。

目录

第一章 短命王朝

003　第一节　西晋开国
014　第二节　后继无人
022　第三节　自相攻伐

第二章 衣冠南渡

043　第一节　二赵崛起
057　第二节　宰割天下
075　第三节　尴尬皇家

第三章
门阀政治

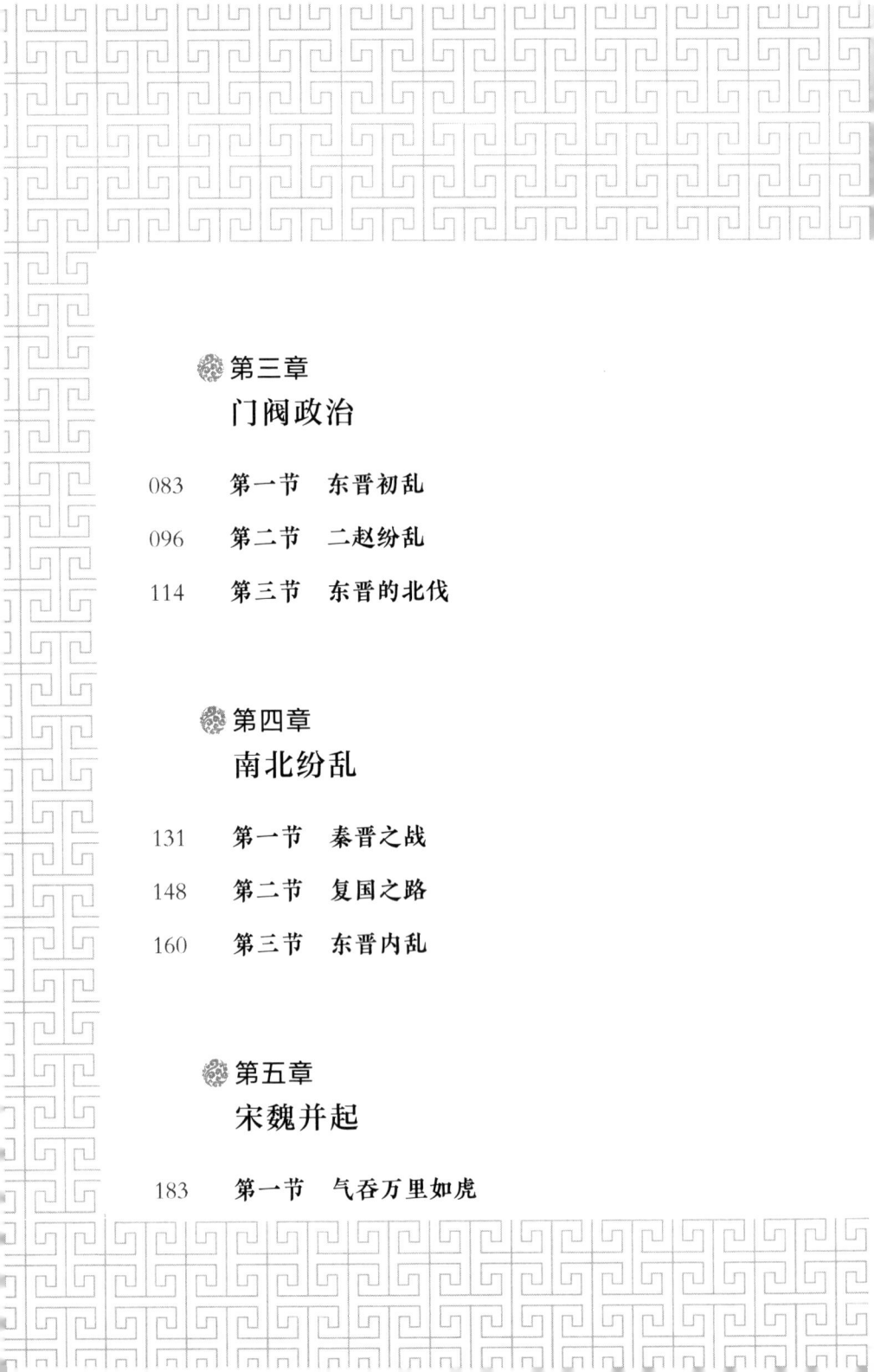

083　第一节　东晋初乱
096　第二节　二赵纷乱
114　第三节　东晋的北伐

第四章
南北纷乱

131　第一节　秦晋之战
148　第二节　复国之路
160　第三节　东晋内乱

第五章
宋魏并起

183　第一节　气吞万里如虎

202　　第二节　刘宋兴衰

214　　第三节　魏平北方

第六章
南北对峙

235　　第一节　北魏改革

257　　第二节　兰陵萧氏

269　　第三节　萧梁的文学之朝

第七章
天下祸乱

285　　第一节　北魏衰乱

298　　第二节　两魏争雄

306　　第三节　侯景乱梁

第八章
南北一统

317　第一节　新三国时代

329　第二节　南北朝谢幕

第九章
两晋南北朝的文学、艺术及生活

341　第一节　文学

364　第二节　思想、科技与艺术

375　第三节　社会生活、饮食风俗与地理交通

391　结语　两晋南北朝是一个什么样的时代？

395　附录一　参考书目

400　附录二　思考题答案

第一章

短命王朝

大约六十年后，东晋明帝司马绍在位时，重臣王导陪坐其间。晋明帝向王导询问了司马家的发家史，王导便说起了司马懿父子的奠基事迹，当讲到司马昭弑杀高贵乡公曹髦之时，晋明帝掩面伏在床上，说道：「如果像您说的那样，我大晋天下又怎么能够长久呢！」

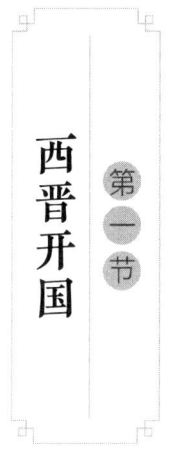

第一节 西晋开国

高平陵之变

公元280年三月十五日,晋将王濬的军队进入了吴国的都城建业(今江苏南京市),吴主孙皓投降。从此,晋武帝司马炎终结了混乱已久的汉末三国时代。汉末三国是一个英雄辈出的时代,可是终结三国时代的司马家并称不上是英雄。

晋朝的奠基人是晋武帝的祖父司马懿、伯父司马师和父亲司马昭三人。

司马懿(179—251),字仲达,河内温县(今河南温县西南)人,出自河内大族司马氏。司马懿的父亲司马防官

至京兆尹，是曹操年轻时的举荐人；司马懿的长兄司马朗官至兖州刺史，多有贤名美誉。司马懿身为家中次子，先是在曹操的丞相府任职，其间与魏太子曹丕交情甚好，为曹丕四友之一。220年，曹丕篡汉建立魏国，司马懿先后得到了魏文帝曹丕与魏明帝曹叡的重用。239年，曹叡去世，其养子曹芳即位，司马懿和曹氏宗族曹爽并为托孤大臣。曹爽倚仗自己曹氏宗亲的身份，大肆任用私人，有不少越权的举动，还得罪了不少大臣。

249年正月，司马懿不满权力被曹爽侵夺，先是装病麻痹曹爽及其党羽，而后便趁着曹爽兄弟陪皇帝离开都城洛阳至高平陵扫墓之际，起兵发动政变，并控制了京城，史称高平陵之变。其时，曹爽的智囊桓范力劝曹爽发动地方力量对抗司马懿。可曹爽顾虑太多，不愿听取其建议。一来曹爽不想冒险与素有威望及有丰富军事经验的司马懿开战，二来司马懿派遣众臣前来劝说，并指着洛水发誓：只要曹爽交出兵权，不仅可保全性命，甚至可以保留爵位。与司马懿齐名的曹魏老臣蒋济也写信给曹爽，愿意为司马懿作担保。

曹爽听从了蒋济等人的话，放弃了抵抗，交出了权力。

然而等待他的不是司马懿曾经许诺的富家翁生活，而是被诛灭三族的命运。不仅曹爽家族遭到了司马懿的族灭，甚至依附于曹爽的众臣，如何晏、邓飏、丁谧、毕轨、李胜、桓范、张当等人也被诛杀，被夷灭了三族。司马懿这等不守信用的行为，让曾经为他担保的蒋济非常寒心。蒋济辞去了封赏，于当年四月便惭恨而终。

司马懿掌权后，其子司马师、司马昭先后掌控了曹魏政权。在这三位掌权期间，曹魏境内的淮南地区相继发生了三次叛乱，起兵讨伐司马氏，史称淮南三叛。不过，这三次叛乱都被司马懿三父子先后平定了。

254年，司马懿去世，其长子司马师掌权。魏帝曹芳不满司马师的越权举动，与大臣李丰、皇后之父张缉等人谋废司马师。密谋败露后，诸多参与计划的大臣都遭到了族灭。几个月后，司马师废掉了曹芳，改立魏文帝曹丕之孙、东海王曹霖之子曹髦为帝。

第二年，司马师在平定了淮南的叛乱后，便因伤病去世，其弟司马昭继承了他的权力。

淮南三叛

淮南三叛的起事地点均在淮南地区的扬州治所寿春（今安徽寿县）一带。

251年，征东将军、扬州都督王凌密谋讨伐司马懿；

255年，镇东将军、扬州都督毌丘俭和扬州刺史文钦起兵讨伐司马师；

257年，镇东大将军、扬州都督诸葛诞杀扬州刺史乐綝，并联合东吴起兵讨伐司马昭。

值得一提的是，257年的寿春之战是三国期间规模最大的一次战争，这一次司马昭军队二十六万，诸葛诞军队十五万，吴国军队也有十多万，三方兵力合计有五十万之多。此前所称官渡、赤壁、夷陵三战的兵力动辄七八十万，属于演义虚构，三战中参战兵力最多的赤壁之战，双方参战人数也只有二十多万。

两晋南北朝

第一章 短命王朝

❦ 晋祚不得长久

255年闰正月,司马师去世。其时魏帝曹髦才做了几个月的皇帝,计划趁机谋夺司马家的权力,不料却被司马昭的谋臣傅嘏与钟会等人识破,从而计划落空。

尽管如此,不难看出曹髦是一位胸怀大志的皇帝,钟会甚至赞誉曹髦为"文类陈思,武类太祖"。陈思指的是才高八斗的陈思王曹植,太祖则指的是奠基曹魏政权的魏太祖曹操。如父兄一样,司马昭掌权后也屡屡有越权行为,曹髦愤然说道:"司马昭之心,路人皆知!"曹髦越来越意识到亲政的渺茫,不甘心被司马昭控制的他,决意奋起反抗。

260年五月初七,曹髦带着卫士杀出皇宫,准备斩杀司马昭。曹髦一行先是遇到了司马昭的三弟屯骑校尉司马伷,曹髦左右呵斥了司马伷,司马伷的军队立刻四散。于是,曹髦一路杀到了皇宫的外城门司马门,而负责禁军守卫的是司马昭的亲信中护军贾充。太子舍人成济是禁军武官,便问贾充道:"如今事态紧急,该如何打算?"贾充意识到:一旦让曹髦杀出皇宫,后果不堪设想。然而曹髦毕

竟是皇帝之尊,这些人虽然是司马昭的下属,但最多也只是敢挡一挡罢了。于是,贾充便说道:"司马公平时蓄养汝等,正为今日!如今之事,还有什么好问的吗?"成济见贾充已经发话,便想乘此时建功封赏,于是抽出长戈,与兄弟成倅一同刺死了曹髦。曹髦死后,曹魏重臣陈泰与司马昭的叔父司马孚枕着曹髦的尸体号啕大哭。

陈泰(200—260),字玄伯,是曹魏名臣陈群之子。其人文武全才,曾在西线抵御蜀将姜维,时任尚书右仆射。陈泰见曹髦遇害,拒绝上朝。司马昭素来与陈泰交好,问道:"玄伯,你认为我该怎么办?"陈泰答道:"唯有杀贾充以谢天下!"司马昭又道:"还有别的办法吗?"陈泰说道:"你怎么能让我说之后的话!"司马昭当然不会杀死亲信贾充,便杀了成济兄弟抵罪了事,并灭其三族。成济兄弟当然不服罪,二人光着身子跑到屋顶破口大骂,最后被军士射杀。面对这样敷衍了事的处理,陈泰无比悲痛,不久便吐血而死。

事后,司马昭立曹操之孙、燕王曹宇之子曹奂为帝,并将曹髦的帝号削去,后世多以曹髦继位之前的爵位"高贵乡公"来称呼他。为了压制住弑君带来的恶劣影响,司

两晋南北朝

第一章 短命王朝

马昭急需建立功业来转移国内高层的政治矛盾,于是于263年发动了灭蜀之战,并成功消灭了蜀汉。264年三月,司马昭加位晋王。265年八月,司马昭去世,其子司马炎继承王位,于当年十二月篡魏建晋,史称西晋。

大约六十年后,东晋明帝司马绍在位时,重臣王导陪坐其间。晋明帝向王导询问了司马家的发家史,王导便说起了司马懿父子的奠基事迹,当讲到司马昭弑杀高贵乡公曹髦之时,晋明帝掩面伏在床上,说道:"如果像您说的那样,我大晋天下又怎么能够长久呢!"

是的,大晋的国祚确实不会长久。

大魏纯臣司马孚

司马孚(180—272),字叔达,是司马懿的三弟。司马炎受禅之时,司马孚紧握着已经被贬为陈留王的曹奂的手,流泪说道:"老臣死的时候,还是大魏的纯臣。"司马孚看似对大魏忠诚,其实可谓一点都不尽心。比如高平陵之变时,司马孚与司马师占据了要地司马门;在废曹芳的表文中,司马孚的署

> 名领衔群臣之上；甚至他还领衔了废曹髦的表文，其文陈说曹髦"悖逆不道，自陷大祸"。
>
> 可见，司马孚一直在朝廷和家族之间做着妥协，只不过他向朝廷妥协的多是言论方面的表面工作，向家族妥协的则是实实在在的力量。当然，他这样的行为也让侄孙司马炎非常难堪。

西晋君臣

前面两小节讲述了西晋的开国史，西晋统一了三国，也算是一个大一统王朝。我们历来认为的大一统王朝的开国君主，大多是"武能定天下，文能治万邦"的英杰人物。如秦朝的秦始皇嬴政、汉朝的刘邦、唐朝的李渊李世民父子、宋朝的赵匡胤等人。从这个层面来看，西晋的开国皇帝晋武帝司马炎并不算一位合格的开国君主。

我们前面也说到了，晋武帝是继承了他的祖父、伯父和父亲的基业。抛开人品不论，司马懿、司马师的能力绝对是非常出众的，司马昭虽然在能力上弱于其父兄，但也

两晋南北朝

第一章 短命王朝

算一时的俊杰人物。不过晋武帝司马炎就没有这么优秀的才能了,当然他也没有什么远大的志向。比如晋武帝在265年便建立了晋朝,却直到279年才发动灭吴之战,而且发动这场战争对晋武帝来说也不算主动,主要是为了平息众人对他的权力的担忧,这一点我们在下节再作详细讲述。

晋武帝在政治上谈不上有大志,却在个人享受方面有着不小的野心。273年,西晋多地有水患,晋武帝却在忙着挑选大臣及良家的女子,将那些姿色出众的充入后宫,并且诏书明令:有藏匿不报的以罪论处,在自己挑选完毕之前,民间不得嫁娶。280年,西晋消灭了东吴,晋武帝又将东吴末代皇帝孙皓寝宫里的几千位宫女收入皇宫,这样一来,他的皇宫里便有宫女将近万人。

君主如此,大臣们大多也好不到哪儿去。虽然西晋王朝以孝治天下,不过在西晋上层最流行的并不是"比孝",而是"斗富"。比如西晋的太尉何曾,每天吃饭就要花掉一万钱,还说根本没法下筷子,他的儿子则一天要花费两万钱。两万钱是个什么概念呢?在较为和平的时期,一千二百钱左右便能买到一石米(约三十公斤),也就是说何曾父子一天的花费(三万钱)能买到大约二十四石米,

约合七百二十公斤,可见其奢靡程度。

说到"斗富",最出名的还是晋武帝的舅舅王恺与大臣石崇斗富的故事。王恺用糖膏洗锅(当时制糖工艺不发达,糖极为珍贵),石崇就用蜡烛当柴火;王恺用紫丝布做了四十里长的屏障,石崇便用锦缎做了五十里的屏障。王恺斗不过石崇,便把晋武帝赐给他的两尺高的珊瑚树拿出来炫耀,没想到石崇看到后随手便把这珊瑚树敲得粉碎。王恺正要发怒时,只见石崇不慌不忙地拿出了六七株三四尺高的珊瑚树。王恺一看傻了眼,知道是斗不过石崇了。

如此君臣,我们似乎已经可以预见西晋的结局了。

以孝治天下与《陈情表》

西晋号称以孝治天下,并非是因为司马家以篡位得天下,才不方便以忠为名号。其实,这是自汉朝以来的传统,汉朝的察举制有"孝廉"这一科目,就是为了给予孝行人士以入仕机会。西晋许多大臣都有孝名,不过最为真诚动人的当属李密。

李密(224—287),字令伯,犍为武阳

（今四川眉山市彭山区东）人。李密原本是蜀国人，幼年丧父，之后母亲改嫁，他便由祖母抚养长大。李密在蜀国当过尚书郎，后来蜀国灭亡，西晋朝廷多次征召李密去做官，晋武帝司马炎甚至让他出任太子洗马。然而，李密的祖母当时已经九十六岁了，于是他便于267年写下了感人至深的《陈情表》，文中叙述了他与祖母的感情，其中"臣无祖母，无以至今日；祖母无臣，无以终余年"一句更是让人落泪。司马炎批准了李密的请求，还奖赏了李密，李密也终于得以奉养祖母以尽孝心。

思 考

（一）西晋的奠基人主要是谁？他们分别做了什么？

第二节 后继无人

司马攸与司马衷

晋武帝司马炎是司马昭的儿子,而他的堂弟齐王司马攸一直是他的一个心病。一个堂弟,为何会让司马炎如此忧虑呢?这还要从他的伯父司马师说起。

论对晋朝建立的贡献,司马师是要比司马昭大很多的,能力也更为出众。司马懿当年想要培养的也是司马师而不是司马昭,甚至高平陵之变也只是跟司马师谋划,司马昭只不过最后临时被通知参与了行动。不过,司马师一直都没有子嗣。于是,司马昭便把自己的第二子司马攸过继给了司马师。这样一来,对于司马攸来说,伯父司马师成了

两晋南北朝
第一章 短命王朝

嗣父，生父司马昭成了叔父，而亲兄长晋武帝（二人均为王元姬所生）成了堂兄。

司马攸（一说为246—283），字大猷，以亲贤好施闻名，酷爱经史典籍。也许由于嗣父司马师的缘故，司马攸得到的评价也比司马炎要更高一些。司马昭在世的时候，曾一度考虑将司马攸定为继承人，他经常说："这是我哥哥的天下，我为什么要参与呢？"不过后来何曾等大臣一再坚持认为司马炎聪明神武、有超世之才，司马昭这才决定立司马炎为世子。

265年，晋武帝司马炎建立晋朝，封司马攸为齐王。但因司马攸的名声太高，而且此前司马昭又有立司马攸为世子的想法，所以晋武帝在父亲死后不到两年，便急匆匆立其子司马衷为太子。这一年，晋武帝三十二岁，司马攸二十二岁，司马衷才九岁。

自从立了太子，至少表面上司马攸对皇位是没有威胁的。然而，276年，晋武帝生了一场重病，让他对司马攸这个弟弟更加忧虑。当时晋武帝病危，而侍奉在他身旁的是大臣贾充、荀勖和司马攸。贾充在前文出场过，是弑杀高贵乡公曹髦的刽子手，是司马家的重臣，同时还是太子

妃贾南风的父亲。然而因为太子司马衷天性愚鲁，就连贾充这位未来的国丈也对继承人的问题表示了犹豫，毕竟他还有一女嫁给了司马攸，如果是司马攸继位，对他来说也不是坏事。

面对贾充这样的态度，晋武帝在这场大病痊愈后，开始了巩固自身皇权的行动：他一方面，扶持出身弘农杨氏的外戚杨骏一系，立杨骏之女杨芷为皇后；另一方面，在羊祜、张华、杜预等人的支持下，他发动了伐吴之战，最终在280年消灭了吴国，极大地加强了自身的政治权威。

灭吴之后，晋武帝的身体并没有变得更好，他又开始忧虑弟弟司马攸的问题。因为司马攸在中央担任要职，所以身为齐王的他并不需要回到封地齐国（治临淄，今山东淄博市东北）。在荀勖、冯紞等大臣的建议下，晋武帝于282年封司马攸为青州都督，并令司马攸回到齐国，不能再待在都城洛阳。当时许多大臣对此举非常不满，毕竟他们非常担忧继承人司马衷能否管理好国家。因此，荀勖、冯紞等大臣的作为，被当时许多人视为谄媚之举，甚至《三国志》的作者陈寿也在史书中隐晦地表达了立嗣的危害。

两晋南北朝

第一章 短命王朝

齐王司马攸自身颇有政治抱负,却被亲兄弟如此防范,回到封地的他愤恨成疾,第二年便因病去世了。自此,司马攸和司马衷的继承人纠葛,便告一段落。

陈寿与《三国志》

陈寿(233—297),字承祚,巴西安汉(今四川南充市东北)人。陈寿曾在蜀汉担任史官,蜀汉灭亡后,他在晋朝任职。司马炎灭吴后,陈寿开始整理三国史料,并最终写成了《三国志》一书。陈寿有良史之才,《三国志》也被西晋大臣张华、荀勖等人称赞。有趣的是,之后荀勖却反对陈寿留在朝中任职。荀勖的态度之所以有如此转变,可能与陈寿在《三国志·三少帝纪》中撰写的评语有关。

在这段评语中,陈寿认为曹魏灭亡的很大一部分原因便是魏明帝曹叡没有选好继承人。这一发言,似乎有影射晋武帝在继承人方面所做斗争的嫌疑。而荀勖则是一直坚持

> 拥护能力平庸的司马衷作为继承人的，被司马炎赞为"明哲聪达"的他自然有可能看出陈寿文字间的深意。

"白痴"皇帝和贾南风

283 年，齐王司马攸去世后，晋武帝司马炎总算安心了，不用再为司马衷未来皇位的稳固而担忧。更何况，司马衷还有一个聪明的儿子司马遹，这也是为何明明司马炎还有其他儿子，却还是愿意传位给司马衷的一个原因。

司马遹出生于 278 年，并不是太子妃贾南风所生，其生母是才人谢玖。贾南风于 271 年与司马衷结婚，时年十五岁，比司马衷还大两岁。贾南风生性嫉妒、残忍，甚至随意残害宫中怀有身孕的女子。当时谢玖怀有身孕，为防被害，便迁出东宫。所以直到司马遹三四岁的时候，司马衷才得知自己有这么一个儿子。

司马遹五岁的时候，宫中曾经失火。当时晋武帝登楼远望，然而司马遹却牵着晋武帝到了暗处。晋武帝问其原因，司马遹回答道："夜间忙乱，应该防备意外，不能让火

两晋南北朝

第一章 短命王朝

光照见皇帝。"由此,晋武帝便认为司马遹非比寻常,认为他可以振兴司马家,甚至称赞他就像祖父司马懿一样。

290年四月,晋武帝司马炎驾崩,时年五十五岁,其子司马衷继位,是为晋惠帝。

我们之前提到过,晋武帝为了巩固皇权,提拔了皇后杨芷的父亲杨骏一派,此时杨骏的官职已经是车骑将军了。不过,晋武帝自然不会放心让杨骏一个人辅佐司马衷,便让自己的四叔司马亮与杨骏一同辅政。然而杨骏权欲熏心,乘着司马炎病危,截下了任命诏书。就这样,晋武帝驾崩后,杨骏成为唯一的托孤大臣,可谓权倾朝野。

晋惠帝司马衷才能平庸,甚至被后世认为是白痴皇帝。其实,晋惠帝并不是一般人认为的白痴,他与人能够正常交流,可能只是智商不够高,无法胜任皇帝这个高要求的位置罢了。晋惠帝最为人津津乐道的故事,是他听说有百姓饿死时,居然问出"他们为何不吃肉糊呢"(何不食肉糜)的话。其实,这只能说明他被身边的人蒙蔽了。毕竟就算放到信息高度发达的当代,也有许多人不了解底层人的生活,晋惠帝也是这样。如果他遇到的是盛世,身边多是贤臣,自然不会有太大问题,毕竟国家机器不是靠皇帝

一个人运转的,可惜当时是西晋,更何况他的皇后是贾南风。

贾南风对于杨骏是有很多不满的,杨骏作为辅政大臣,草拟诏令之后先是给司马衷看,而后再给他的女儿杨芷也就是如今的杨太后观看,之后便颁布施行,完全不给贾南风干涉朝政的机会。久而久之,贾南风自然心生怨怼,加上她没有生育子嗣,这让她越来越渴望得到权力。而在贾南风的权力规划道路上,杨骏便是第一道障碍。

贾南风的盟友便是她的母亲郭槐与侄子贾谧,不过这两位的分量远远不够,她需要更多的军事力量。于是,贾南风先是联络了被遗忘的托孤大臣汝南王司马亮,不料司马亮胆小怕事,拒绝了贾南风的联盟请求。之后,贾南风又派人联系了司马炎的第五子楚王司马玮。

291年三月,贾南风与楚王司马玮里应外合,以谋反罪讨伐杨骏,杀死了杨骏及其亲信几千人。杨太后自然也逃不过毒手,先是被囚禁,第二年便被饿死了。

贾南风和楚王司马玮发动的这次政变,可谓是拉开了八王之乱的序幕。

两晋南北朝

第一章 短命王朝

贾谧与二十四友

贾谧本是贾南风妹妹贾午的儿子,其生父韩寿姿貌过人、举止优雅,在贾充府上任职时与贾午私通。因贾午把西域奇香偷偷送给了韩寿,由此两人的事情败露。最后,贾充还是将贾午许配给了韩寿,这就是"韩寿偷香"的典故。

因贾充长子贾黎民无后,贾谧便被过继到了贾家,从韩谧变成了贾谧。贾谧其人好学有才思,依仗贾南风的势力,四处交结文士,旗下的文人团体被时人称为"二十四友"。这二十四人中,有石崇、左思、陆机、陆云、潘岳(即民间传说的美男子潘安)、刘琨等人。

❀ 思 考 ❀

(一)你认为贾南风最明显的特质是什么?她为了掌权最先除掉了哪位大臣?

第二节 自相攻伐

八王之乱（上）

在上节中，为何楚王司马玮可以帮助贾南风完成政变呢？是因为他的宗王身份吗？其实并不完全是，更多的来自他的都督身份。

要说明白都督一职，就不得不说下州郡的产生。自秦封天下为三十六郡，开始实行郡县制。西汉虽然多了"州"这个概念，但当时州只是作为监察区，而非行政区。直到东汉末年天下大乱，原本作为各州监察长官的刺史，才逐渐变成了各州的行政长官。到了魏晋时期，天下分为十几到二十几个州，各州下辖若干个郡国，郡国下面又辖若干

两晋南北朝

第一章 短命王朝

个县。其中郡和国的区别是国为诸侯王的封地,郡为中央属地,郡的长官为太守,国的长官为相。

中国历史上最早的都督可以追溯到东汉顺帝时,当时御史中丞冯赦讨伐九江(治阴陵,今安徽定远县西北)盗贼,便是督扬、徐二州军事。汉末以后,都督就成了掌管各地军队的职位。魏晋时期的都督本来是为了治军而设,与刺史分别统管军、民。然而都督地位较高,且常常会都督二州以上,所以刺史是隶属于都督的,虽然此时仍然保持着一定的独立地位。晋惠帝末年以来,都督也常常兼任刺史之职。

晋武帝司马炎在265年即位时,便分封了二十七位司马家宗室为诸侯王,在经历那场大病后的277年,晋武帝第一次大规模调整了诸侯王的分封,并增加了"非皇子不得为王"的规定,确保自己这一系的崇高地位。可见,除了265年分封的那堆诸侯王,其他非晋武帝一系的宗室再没有成为诸侯王的可能了。

虽然晋武帝在277年对诸侯王封地的军权进行了限制,但是因为部分诸侯王又同时兼任都督各州的职位,所以这些限制显得有些多余。比如汝南王司马亮是豫州都督,楚王司马玮是荆州都督。司马家的诸多宗室王握有军权,再加上晋惠帝司马衷本身执政能力堪忧,这就为日后的灾祸埋下了伏笔。

两晋南北朝

第一章 短命王朝

在除掉杨骏之后，楚王司马玮被封为卫将军，原本就行为粗暴的他变得更加飞扬跋扈，而同时因参与政变立功的司马家宗室东安公司马繇则被封为东安王。司马繇是司

马懿第三子司马伷之子，不属于晋武帝一系，按照晋武帝在277年的规定，他是没有资格封王的。然而贾南风为了拉拢这些宗室，已经完全不把晋武帝的规定放在眼里了。

291年六月，八王之乱正式开启。

因汝南王司马亮对楚王司马玮这位族孙的嚣张跋扈颇为不满，便与大臣卫瓘准备夺取军权。不过，贾南风与司马玮先下手为强，假传诏令，直接将二人及其家人逮捕处死。

楚王司马玮的亲信劝他就此除掉贾南风，以便夺取大权，不被外戚钳制。不过司马玮并没有那么大的野心，所以没有听从属下的建议。司马玮没有料到的是，皇后贾南风的政治敏感度和野心都比他强大许多。于是，贾南风听从太子少傅张华的建议，再一次先发制人，诬陷司马玮矫诏杀人，并擒杀了司马玮。当然，贾南风把杀死汝南王司马亮和卫瓘的罪责全推到了司马玮的身上，还追封了司马亮与卫瓘。

就这样，短短几日间，汝南王司马亮与楚王司马玮便死于非命。不过幸运的是，这场祸乱也就此告一段落。

两晋南北朝

第一章 短命王朝

安稳的岁月

张华在前文已经多次出现过，我们再正式介绍一下他。

张华（232—300），字茂先，范阳方城（今河北固安县西南）人。其父亲张平曾经担任曹魏的渔阳郡太守。张华自幼孤贫，属于寒门之列。张华博学多闻，撰有《博物志》一书，书中内容可谓相当驳杂，包含山川地理、飞禽走兽、历史逸事、人物传说、神仙方术等。《博物志》中的许多记载在此前的典籍中出现过，不过它还记载了许多生动的故事，对后世的传奇、小说创作有不小的影响。比如"猕猴盗妇人"的故事，在唐传奇中多有继承；在"八月浮槎"的故事里，不仅描绘了连通天河与大海的木筏，还将牛郎织女相会的景象描绘了出来。

张华年少时名声不显，他的《鹪鹩赋》使他得到了高门名士阮籍的器重。（鹪鹩是一种小鸟，张华以此鸟自喻，来表达自身虽然地位卑微，不为人所用，却自得其乐的状态。）从此，张华声名鹊起，任职中书郎，对朝廷的决策多有建议。

晋武帝即位后，张华又出任黄门侍郎、中书令、散骑常侍等要职。晋武帝准备伐吴时，张华也是少数的支持派，还在伐吴之战中负责运输粮草。之后，张华因功封为广武县侯。不过，张华在继承人的选择上，倾向于齐王司马攸而非日后的晋惠帝司马衷，因此不太受晋武帝信任。晋惠帝继位后，张华只是得到了太子少傅这样的闲职，不被重用。

张华虽然身居闲职，却对国家大事颇为上心。291年，张华眼见贾南风和楚王司马玮残害杨骏一系，之后司马玮又动手杀死汝南王司马亮和卫瓘。虽然明知贾南风权欲熏心，然而此时司马玮与其他诸侯王都拥兵京师内外，他明白这时候利用贾南风除掉司马玮才是当务之急，如此才能避免更多的战乱。于是，便有上小节中提到的张华建言除去司马玮的事件。

事后，张华因功被封为右光禄大夫、开府仪同三司、侍中、中书监。在这里稍微解释一下这几个头衔：右光禄大夫是二品官，荣耀非常，属于高官之列；侍中为侍从官，负责给皇帝提建议；中书监则为中书省的长官，掌管机要；而开府仪同三司则是说有了如三司（司空、司马、司徒）

两晋南北朝
第一章　短命王朝

一般开府的权利，可以自行开幕府，征辟幕僚。不难看出，张华这几个职位都非常重要，不过他还是辞去了开府仪同三司的职位，这也是向贾南风摆出了自己无专权野心的姿态。

贾南风与其侄贾谧对张华很是欣赏，他们认为张华出身寒门，儒雅又有谋略，对上没有逼迫的嫌疑，对下又是众望所归，于是非常信任他。张华曾作《女史箴》来讽劝贾南风的后族一系，但是贾南风没有介意，还是一如既往地尊重他。

从291年开始，虽然朝堂上晋惠帝无能、贾南风残虐，地方上各诸侯王也对权力虎视眈眈，但是张华尽忠辅国、查漏补缺，使得西晋朝野太平，可谓是功莫大焉。296年，张华得任三公之一的司空之职。

然而这看似和平的状态，其实却是山雨欲来。299年，这段和平岁月在贾南风决定对太子司马遹动手时便宣告结束了。

> **寒门**
>
> 曹魏时期，朝廷制定九品中正制，并在各州郡设置了中正的官职，来品评当时的统治阶层人物。中正们的职能便是根据这些人的家世与才能等因素，来给予一定的品评等级（即九品）。负责选官的吏部会根据中正给定的品级，给予这些人相应的官职。
>
> 九品之中，一品并不存在；二品和三品的才算上品（之后二品泛滥，三品已经不算上品了），其家族也多为高门；其他品级都只能是下品，其家族也多为寒门。所以，此时的寒门仍然属于统治阶层，其父辈也大多出任过太守、县令等级别的官职，与我们日常所说的寒门子弟并不一样。

八王之乱（中）

前文曾经说到，太子司马遹幼时便聪慧非常，不过因为他非贾南风亲生，所以在权欲旺盛的贾南风心里，司马

两晋南北朝

第一章 短命王朝

遹无疑是她的一块心病。

299年十二月,贾南风命贾谧二十四友中的潘岳伪造司马遹的笔迹,写下了犯上的文字,以此来诬蔑司马遹。虽然大臣张华和玄学大家裴頠力证其非,但是司马遹还是被贬为庶人,随后被软禁在位于洛阳西北的金墉城。300年正月,贾南风更是诬陷司马遹谋反,于当年三月命人将司马遹打死,其年二十三岁。

赵王司马伦是司马懿的幼子,在西晋宗室中辈分颇高。司马伦原本是太子太傅,却对皇位虎视眈眈。司马伦与其谋臣孙秀先是劝诱贾南风杀死了太子司马遹,而后再假传诏令,逮捕了贾南风并将其软禁在金墉城。之后,司马伦又诛杀贾谧及其亲族,并对之前有宿怨的张华、裴頠等人进行捕杀。不久,贾南风也被司马伦杀害,她的权力道路也就此终结。

301年正月,已经身为相国的司马伦篡位自立,大封百官,甚至奴仆小厮都有了爵位。当时官员的帽子上要插上貂尾,然而司马伦封的官实在是太多了,貂尾不够,只能用狗尾充数,这就是成语"狗尾续貂"的由来。

司马伦的自立,引起了其他宗室王的不满,齐王司马

冏是司马攸的儿子，联合河间王司马颙（司马懿三弟司马孚之孙）、成都王司马颖（晋武帝第十六子）来讨伐司马伦。大战之下，死者数以万计，司马伦最终兵败，被囚居在了金墉城，不久便被赐死。就这样，继汝南王司马亮与楚王司马玮之后，八王之乱的第三位宗室王赵王司马伦被消灭了。

晋惠帝司马衷复位后，齐王司马冏作为讨伐司马伦的主事之人，自然拥权自重。河间王司马颙觊觎权力，便假意联合身在京城的长沙王司马乂（晋武帝第六子、楚王司马玮的同母弟），让他讨伐齐王司马冏。虽然司马颙本意是想看鹬蚌相争，自己好渔翁得利。但让他没想到的是，兵力弱小的司马乂居然在作战中取得了胜利，于302年十二月击败了司马冏。就这样，八王之乱的第四位诸侯王齐王司马冏也被夷灭了，退出了历史舞台。

河间王司马颙野心勃勃，多次派人刺杀长沙王司马乂，但都以失败告终。于是，司马颙又伙同之前的盟友成都王司马颖兵伐洛阳，晋惠帝则派司马乂前往抵御。不得不说，司马乂在诸侯王之中算是难得的人才，史书称他"开朗果断，才力绝人，虚心下士，甚有名誉"，所以即使粮草不足，将士们都愿意为司马乂死战。众人固守洛阳，曾一度

两晋南北朝

第一章 短命王朝

击败司马颙和司马颖的部队,让叛军萌生退意。

然而事与愿违,西晋注定难得安宁,此时八王之乱的最后一位宗室王——东海王司马越出场了,彻底改变了战争局势。司马越是司马懿四弟司马馗之孙,当时在朝任司空之职。司马越也是权欲熏心之辈,便伙同禁军生擒了司马乂,并将司马乂献给了司马颙,以便获取实权。就这样,第五位宗王司马乂于304年正月被火活活烧死,时年二十八岁,三军为之落泪。

事后,成都王司马颖与河间王司马颙如愿掌握朝堂。司马颙还做主废掉了太子司马覃,并立司马颖为皇太弟。此时,身拥重兵的皇太弟司马颖则在邺城（今河北临漳县西南）遥控朝堂。东海王司马越自然很是不满,毕竟他夺取权力的愿望破灭了。不过司马越自认为还有机会,毕竟他仍然身在朝堂,于是他裹胁了晋惠帝,起兵讨伐司马颖。304年七月,双方军队在荡阴（今河南汤阴县）交战,司马越最终被打败,而晋惠帝也被司马颖的部队俘获了。此战中,晋惠帝的近臣侍中嵇绍为了保护晋惠帝被杀身亡。

就此,八王之乱开始进入后期,外族即将加入并终结这场荒唐的祸乱。

嵇侍中血

南宋名臣文天祥在其名作《正气歌》中写道："为严将军头，为嵇侍中血。"这里的嵇侍中便是在荡阴之战中因保护晋惠帝而死的嵇绍。

嵇绍是竹林七贤嵇康之子，由嵇康好友、同为竹林七贤的山涛抚养长大。之后，嵇绍在晋廷任职，他多次进言直谏，不畏权贵，面对贾谧、司马冏等权臣也无所畏惧。荡阴之战中，晋惠帝身中三箭，而百官及侍卫们纷纷逃命，只有嵇绍将自己挡在晋惠帝身前，最终被叛军杀死，他的鲜血溅到了晋惠帝的衣服上。事后，侍从们为晋惠帝浣洗衣服，晋惠帝说："这是嵇侍中的血呀，不要洗去。"从这里也不难看出晋惠帝并非白痴，他只是不适合皇帝这个位置罢了。

两晋南北朝

第一章　短命王朝

八王之乱（下）

随着战事的推进，"八王"中只剩下河间王司马颙、成都王司马颖和东海王司马越三人了。

304年七月，成都王司马颖将晋惠帝控制在了邺城（今河北临漳县西南），河间王司马颙则派大将张方率军驻扎在洛阳，东海王司马越兵败后回到封地东海国（治郯县，今山东郯城县）。司马越一边在封地积蓄力量，一边派人联络其弟并州刺史东瀛公司马腾与幽州都督王浚。

王浚，字彭祖，太原晋阳（今山西太原市西南）人。王浚的叔祖父是曹魏司空王昶，父亲则是骠骑将军王沈，其家族是毫无疑问的高门。王浚对司马颖很是不满，因为司马颖新任命了一位幽州刺史和演，这摆明了是要吞并身为幽州都督的他。和演的任务也确是如此，曾和乌桓单于审登密谋想要杀掉王浚。不料审登非常会审时度势，将密谋告知给了王浚。就这样，王浚与审登合谋，再加上东瀛公司马腾，三人一起击杀了和演。

闻知此讯，成都王司马颖自然要派兵征讨王浚等人了。王浚也不甘示弱，联合了鲜卑首领段务勿尘、乌桓首领羯

朱,与东瀛公司马腾一起讨伐司马颖。司马颖派出的部队连连败退,眼见对方就要打到邺城,便带着晋惠帝连夜逃到了洛阳。

洛阳由河间王司马颙的大将张方镇守,司马颙此前拥成都王司马颖为皇太弟,完全是看重司马颖晋武帝之子的身份。如今司马颖势力衰微,野心早就膨胀的司马颙自然废掉了他皇太弟的封号,并把晋惠帝握在手中。因洛阳城此前已经被张方的部队洗劫一空,于是张方便于304年十一月将晋惠帝劫持到了长安。不久,掌握大权的司马颙试图招揽东海王司马越,不料却被拒绝。

此后,中原混战开始。除了这三位"最后的八王"旗下的军队,乌桓、鲜卑与匈奴等部族也乘乱加入了进来,他们或以外援之名,或自立为号,都在分割西晋的领土与财产。这些以权力为目的的战争,伤害的还是西晋的百姓们。

八王之乱,名义上最后以东海王司马越的胜利而告终。306年五月,司马越的部队攻入长安。次月,司马越将晋惠帝带回了洛阳。同年十月,成都王司马颖被司马越的堂弟范阳王司马虓的部属杀害;同年十二月,河间王司马颙被

两晋南北朝
第一章 短命王朝

司马越的弟弟、刚从平昌公晋升为南阳王的司马模杀害。

此年十一月，晋惠帝司马衷因吃饼中毒而死，相传是被司马越谋害，其年四十八岁。晋惠帝之弟司马炽继位，是为晋怀帝。

乌桓与鲜卑

乌桓又称乌丸，最初属于东胡部落联盟，而后臣服于匈奴，之后又向汉朝靠拢。到了西晋时期，乌桓分布在北方的幽州、冀州、并州一带，也就是如今的东北、河北、山西等地。

鲜卑，从地域上可以划分为东部鲜卑和西部鲜卑。其中，东部鲜卑主要有慕容鲜卑、段部鲜卑和宇文鲜卑等，分布在河北、辽宁一带；西部鲜卑的代表部落为拓跋鲜卑，他们西迁到匈奴故地，与匈奴部族融合。除此之外，西部鲜卑的成员还有河西的秃发鲜卑与陇西的乞伏鲜卑等。

思 考

（一）西晋大臣张华是一个什么样的人？

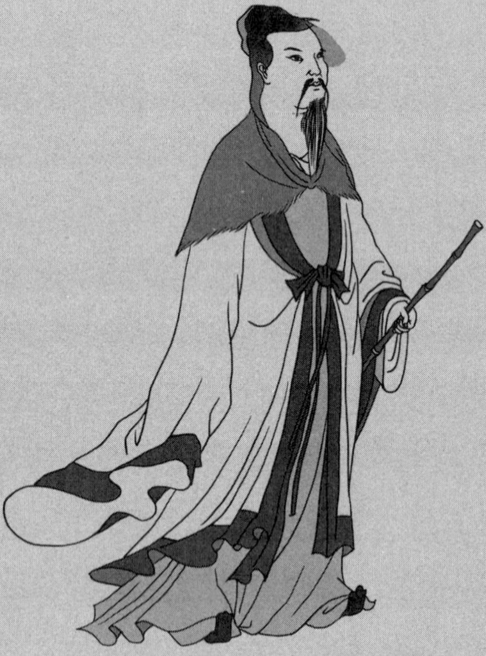

第二章 衣冠南渡

永嘉之乱后,许多北方的世家大族与流民来到了江南,司马睿与王导对这些人也是尽量收拢,因为他们需要更多世家大族的支持。在这些北方来的大族中,许多都活跃在日后的政治舞台,如太原王氏、陈郡谢氏、颍川庾氏、龙亢桓氏等。

第一节 二赵崛起

🌊 以汉室自居的匈奴人

304 年七月，荡阴之战爆发，成都王司马颖当时还是皇太弟的身份，他任命了一位匈奴人为辅国将军、督北城守事。这位匈奴人便是刘渊。

早在东汉末年，南匈奴便参与到汉末大战之中。202 年，南匈奴部众归降了曹操。为了分化匈奴的实力，曹操按照地域将匈奴部众分为五部，是为五部匈奴，而刘渊的父亲即为其中一部的首领，即左贤王兼左部帅刘豹。其后，五部匈奴曾被刘豹于 251 年合为一部，曹魏末年又被分为三率。到了西晋，匈奴又被分为了五部，并改五部帅五都

尉，都分布在并州一带。

刘渊本姓虚连题氏，后改刘氏。刘渊的生年不详，我们只知道在曹魏末年（264—265），刘渊作为匈奴贵族之子居住在洛阳，其人姿貌魁伟，文武双全，深得司马昭优待。当时许多名士和大臣也都非常看好刘渊，比如出身太原王氏的王浑、王济父子还曾向晋武帝推荐刘渊，不过晋武帝终究还是对刘渊匈奴人的身份不够放心，未能予以重用。

刘豹死后，刘渊继任左部帅，之后又任北部都尉之职。晋惠帝时，刘渊在离石（今山西吕梁市离石区）任将兵都尉。离石本来是南匈奴单于王庭的所在地，刘渊素有野心，于是就在离石一带扩张势力。外戚杨骏辅政时，曾任命刘渊为建威将军、五部大都督，可见是让刘渊直接统率五部匈奴。到了约299年，贾南风执政时，刘渊因五部匈奴有逃亡者而被免官。此时，成都王司马颖与贾氏不和，在邺城（今河北临漳县西南）镇守，便拉拢刘渊，让他暂时出任宁朔将军之职，监察五部匈奴军事。

匈奴部族虽然内迁到了中原，但是也饱受西晋统治者的欺凌，不少匈奴子弟都沦为世家大族的奴隶，于是以刘渊从祖父刘宣为首的匈奴贵族便密谋复国，并认为刘渊是最好的人选。然而成都王司马颖并不允许刘渊返回部落，刘渊只好让联络人先行准备，以待时机。

304年八月，王浚联合鲜卑段务勿尘、乌桓羯朱，与东瀛公司马腾攻打成都王司马颖。这时候，刘渊瞄准机会，向司马颖表示自己愿意去调发五部匈奴前来协助，并声称可以"二部摧东瀛，三部枭王浚"，这话让司马颖非常高兴。就这样，刘渊以北单于的身份回到了经营多年的离石。在离石北边的左国城，刘宣等匈奴贵族推举刘渊为大单于，短短二十天时间，部众就达到了五万之多。随后，刘渊在离石定都。

304年十月，刘渊迁都到了左国城，刘宣等人劝刘渊称帝。不过，刘渊认为晋朝仍在，不如依照汉高祖刘邦的先例，暂且自称为汉王。刘渊以汉为国号，追尊蜀汉末代皇帝刘禅为孝怀皇帝，尊汉高祖刘邦、光武帝刘秀、昭烈帝刘备为三祖。刘渊此举，首先自然是因为他本身已经改姓刘氏，其次是内迁到中原的匈奴部族早已汉化，再者则是这样可以号召汉族人民来归附自己。

其后，刘渊与东瀛公司马腾的部队在并州一带多次交战，凭借优秀的骑兵战术，刘渊的匈奴军团接连胜利。然

而，之后刘渊的汉军却遭遇了身为二十四友之一的并州刺史刘琨的抵抗，在并州难以发展，于是刘渊转而攻下河东（治安邑，今山西夏县西）一带，最终迁都于蒲子（今山西隰县）。

308年十月，刘渊在蒲子即皇帝位。

骑兵战术

匈奴人的骑兵战术，向来为中原王朝所忌惮。不过，与许多人所认知的不同，匈奴骑兵初期的作战方式并不是在马上刺砍，而是以射箭居多。匈奴军队并不轻易与敌方进行近距离肉搏，毕竟骑士们如若在马上做出刺、砍的动作，往往因为惯性也会使得自己落入险地。

不过，随着中原王朝与塞外游牧民族的交流，汉武帝时期的中原骑兵已经掌握了不少冲击战术的经验，以卫青、霍去病为首的名将们就善于将匈奴逼迫到近战的境地，从而击溃对手。到了八王之乱时，来自匈奴、

> 鲜卑等族的骑兵也已熟练掌握这些经验,并常常在与中原骑兵的对阵中取得优势。

永嘉之乱

309年正月,因都城蒲子地处偏僻、道路崎岖,汉帝刘渊决定迁都平阳(今山西临汾西南)。三月,刘渊派遣前来投诚的晋将朱诞为前锋都督,以宗室刘景为大都督,率兵攻克了黎阳(今河南浚县东)。接着,汉军南下到了黄河边上的延津(今河南延津县),又打败了晋军,还将男女三万多人溺死于黄河之中。刘渊得知后大怒,他认为他讨伐的只是司马氏,和百姓无关,于是贬谪了刘景。从这点来看,至少刘渊表面上是想争取中原汉人的支持的。

另外,刘渊的诸多大将分别攻打冀州、并州等地的郡县,并接连获得胜利。诸路军马会合之后,刘渊于309年八月对洛阳发起进攻。刘渊之子、楚王刘聪击败东海王司马越派来的军队,接着又打败了南阳王司马模的部队。接连几次大胜,让刘聪放下了戒心。前来诈降的西晋弘农太守垣延夜袭刘聪大军,刘聪惨败而回;而另一路的大将石

勒也被段部鲜卑给击败了。十月，刘渊再次攻打洛阳，不过还是没有取得胜利。

310年七月，带着无尽的遗憾，刘渊驾崩，其子刘和

两晋南北朝

第二章 衣冠南渡

继位。不过刘和因素来没有军功,所以非常猜忌颇有战功的亲弟刘聪及族弟刘曜,使得这两位弟弟也不好过。君臣相疑自然不是什么好事,没过多久,刘和便在政变中死去,

其弟刘聪继位。

虽然洛阳抵御了汉军的两次大规模攻击,但因为被汉将王弥等人切断了粮道,洛阳的日子并不好过。于是,东海王司马越派遣使者征召军队前来勤王。然而,有汉军的部队在周围环伺,晋军又怎能轻易进来援救呢?久等援军不至的情况下,西晋大臣大多想要迁都,不过名士王衍表示反对。东海王司马越为了保存实力,带领军队前往许昌(今河南许昌市东),洛阳守卫变得更加薄弱了。

311年,汉帝刘聪派遣刘曜攻打洛阳,而此时的晋军却在互相攻伐。东海王司马越这位八王之乱的幸存者,在这一年的三月病逝。此消彼长之下,洛阳自然承受不住汉军的攻击,终于在六月被攻克。刘曜杀死了晋太子及王公大臣二十多位,士兵、百姓死了三万多人,刘曜还挖掘陵墓、焚烧宫庙,并把晋怀帝带回了汉都平阳。这一年,是晋怀帝永嘉五年,所以这一次动乱被称为永嘉之乱。

晋怀帝的侄子司马邺从洛阳跑了出来,途中遇到其舅父荀藩,二人依靠豫州刺史阎鼎等人的部队,在关中一带与汉军作战,于年末在雍城(今陕西凤翔西南)安定了下来。之后,刘曜的汉军被众多零散的勤王部队攻打,无奈

两晋南北朝
第二章 衣冠南渡

之下放弃了长安。就这样,司马邺进入了长安。

313年,晋怀帝在汉都城平阳遇害,年仅三十岁。不久,消息传到了长安。四月,司马邺在长安继位,是为晋愍帝。然而好景不长,仅仅三年后的316年,长安再次失守,晋愍帝被刘曜俘虏,西晋正式宣告灭亡。

317年三月,西晋王室司马睿在建康(今江苏南京市)即位,自称晋王,改元建武元年。史家为表区分,将司马睿建立的晋称为东晋。318年三月,司马睿在得知晋愍帝遇害后,便改称晋帝了,是为晋元帝。关于司马睿在南方建国的始末,我们后文再做详述。

> **建康**
>
> 　　建康就是如今的江苏省南京市,秦汉时建康原名秣陵,两汉时属丹阳郡。东汉末年,孙权将自己的治所迁往秣陵,并将秣陵改名为建业。孙吴建国后,将建业定为都城,这是南京作为都城的开始。西晋平定吴国后,先将建业改回了秣陵,之后又从秣陵分置了建邺。晋愍帝司马邺继位后,为了避

> 讳其名，将建邺改名为建康。
>
> 后世将以南京为都城的六个南方王朝（东吴、东晋、南朝宋、南齐、南梁、南陈）称为六朝，这也是南京"六朝古都"之称的由来。唐代史学家许嵩撰有史书《建康实录》，便是叙述这六个王朝的历史，是一部颇有史料价值的史书。

前赵与后赵

就在西晋灭亡前后，刘渊建立的汉国也不安生了。

我们之前说到，310年七月刘渊去世，其子刘和继位，随后刘聪杀刘和，成为第三任汉帝。316年十一月，刘聪派从兄弟刘曜灭亡了西晋。

仅仅一年半之后，318年七月，刘聪去世，其子刘粲继位。八月，外戚靳准便发动政变，杀害了沉迷酒色的刘粲，还自立为汉天王。这时候，汉国在地方上军事实力最强的有两位，一位是镇守在襄国（今河北邢台市）的大单于羯人石勒，一位是镇守在长安的中山王皇族刘曜。其时，

两晋南北朝
第二章　衣冠南渡

石勒因为实力强大,早在刘聪时期便已有独立的趋势了,因为石勒在后来建立了后赵政权,我们在这里花一点篇幅简要讲述一下他的发家史。

石勒是羯族人,如今我们能看到的关于羯族的最早记载是魏收撰写的《魏书·羯胡石勒列传》,其文称羯族原先是匈奴的别部,分散居住在上党郡武乡(今山西榆社县北),石勒正是出生于这里。学术界一般认为,羯族来源于西域,在不断往东迁徙的过程中受到了来自匈奴、鲜卑等部族的影响,同时又吸收了大量杂胡,融合成了羯族。

如今许多人称石勒为奴隶皇帝,其实石勒只是在三十岁左右时当过奴隶。石勒的父亲周曷朱是小部落的首领,石勒也可以称得上是酋长家的公子。然而,石勒所在的并州在302年左右发生了饥荒,石勒和部落伙伴走散了,阴错阳差之下,石勒被东瀛公司马腾的部队给抓住了,接着被卖掉换成军饷。石勒多亏遇到了少年时的伙伴郭敬,路上才免遭过多的痛苦。之后,石勒被卖给了茌平人师欢做奴隶,因为表现出非凡的能力,被免除了奴隶的身份。不过因为这段奴隶经历,石勒也与东海王司马越、东瀛公司马腾、平昌公司马模等一派结下了仇怨。

石勒壮健有胆力，雄武好骑射。八王之乱后期，石勒先是跟随掌管牧场的牧帅汲桑起兵，投奔成都王司马颖帐下的将领公师藩来讨伐平昌公司马模。公师藩战死后，汲桑自称大将军。307年，石勒率领部队打败了司马腾的军队，在邺城斩杀了司马腾，也算是与自己的奴隶时代做了一个彻底的了断。

之后，石勒投奔了刘渊。在刘渊帐下，石勒开始尽情发挥他的军事才能。石勒先后在并州、冀州一带与西晋军队作战，接连攻下多座城池。当然，石勒并不甘心只是成为一位普通的将军，309年时他便在河北建立了"君子营"，以吸纳那些有见识的士人。

到了刘聪称帝时，石勒已经是征东大将军、并州刺史、汲郡公了，可谓是外姓将领中权力最大的人。311年，石勒又吞并了同为汉将的王弥的部队，刘聪对此非常愤怒，但是也拿实力强大的石勒没有任何办法。314年，石勒还消灭了其时已密谋在冀州自立的晋将王浚。

318年七月刘聪去世，石勒已经占据了并州、冀州、幽州等大部分地区，可谓实力强横。十月，石勒与中山王刘曜分别率军来汉都平阳平叛。之后，刘曜称帝，并任命石勒为大司马、大将军、加九锡，晋爵为赵公。刘曜看似对石勒很友好，其实内心对他非常忌惮。

319年二月，石勒派人出使刘曜，刘曜更是拟封石勒为赵王。然而刘曜几经权衡后，却追杀了石勒派来的使者，这下刘曜和石勒正式对立了。

319年四月，刘曜将都城迁往长安，并将从父刘渊建立的汉国国号给改了，改为赵，故而刘氏政权又被称为前赵或汉赵。当年的十一月，石勒也在自己的大本营襄国即位赵王，史称后赵。

从此，前赵和后赵开始了无休无止的斗争。至于结局如何，我们在下章再做讲述。

赵的国号

为何刘曜和石勒都以赵为国号呢？他们实际上都是想要继承战国七雄之一赵国的国号。前赵刘曜在汉国时期是中山王，其封地中山国（治卢奴，今河北定州市）就在古赵国境内，而后赵的石勒则是占据了先秦战国时赵国疆域的许多地区（如河北、山西的许

多地区),加上他又曾被汉国封为赵公,以赵为国号也是颇为合适的。

两个赵国一并成立,这是长期以来石勒集团在华北地区扩张势力、脱离刘氏的结果。石勒割据华北,所以自称赵王,而刘曜改汉为赵,也是想要否定石勒割据华北的合法性。

❀ 思 考 ❀

(一)匈奴人刘渊为什么要以"汉"为国号?

第二节 宰割天下

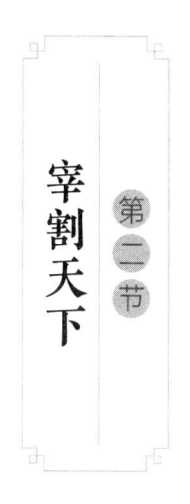

〰 成汉李氏

上节讲了中原二赵的崛起，现在让我们暂时把视角转向西边。自从晋武帝死后，西晋皇权的威望每况愈下，这不仅体现为诸位宗室对皇位虎视眈眈，也体现为偏远地区地方势力的崛起。

我们先介绍位于西南方的崛起政权——成汉。西晋时，西南方的四川、重庆、贵州、云南一带，在行政区划上归为益州、梁州和宁州。不过，在战国时的地理著作《禹贡》的九州划分之中，这个地区属于梁州，称"华阳、黑水惟梁州"，其中的华阳是华山之南，这也是著名地理志《华阳

国志》书名的由来。

在梁州的巴西郡（治阆中，今四川阆中市）一带，有汉人、巴人、氐人和賨人等多个民族。汉末时这群人被曹操迁徙到了略阳（今甘肃秦安县东北），到了西晋时期，这群人又因战乱迁到了汉中（治南郑，今陕西汉中市）一带，成了流民。同时成为流民的包括天水、略阳、扶风、武都、阴平、始平等六郡的民众，这六郡大抵在如今的甘肃南部和陕西西南部地区，这些人被统称为六郡流民。在这期间，涌现出了几位英雄兄弟，便是李特、李庠、李流。李氏兄弟对六郡的流民们非常关照，在这十多万流民中有不小的影响力。

因汉中地域狭小，无法过活，这些六郡流民向朝廷申请来到了南方的梁州生活。当流民队伍路过名闻天下的剑阁后，李特不由感叹："蜀主刘禅有这样的险地，却束手待缚，真是庸才呀！"李特的这句话，无疑彰显了他的野心。

事实正是如此，而机会马上就要来临。

300年十一月，朝廷下诏让益州刺史赵廞回朝。赵廞是皇后贾南风的姻亲，而此时贾南风已经被诛杀，他自然不愿意回去。赵廞是巴西郡人，于是自然联系起了同为巴西人的李特兄弟，希望借助李特兄弟的力量割据梁州、益州一带。双方合作不久便产生了分歧，赵廞杀害了李庠，并很快被李特兄弟反攻，随后被部下杀害。李特兄弟占据了成都，并向朝廷报告了赵廞谋反自立的事情。

朝廷又派遣新的益州刺史罗尚到了益州，意在钳制李特兄弟。同时，朝廷想让这些六郡流民返回各自的家乡，这进一步激化了双方的潜在矛盾。李特兄弟深知朝廷对他们的忌惮，于是与六郡流民约法三章，流民们自然纷纷响应，六郡流民起义正式爆发。

303年，李特军队已经接连多次打败罗尚，并在年初占领了成都的少城，罗尚只能困守在成都的太城之中。此时李特志高意满，建元为建初元年，这可以说是李氏兄弟正式割据的标志了。可惜，李特因轻敌大意，不久被罗尚及其盟友击败。

虽然李特的兄弟们劝他不要放松警惕，比如应该让新近投降的送人质过来，但是李特却不以为意。后李特与其兄李辅均战死。接着，李流统领义军，继续与朝廷作战。其后，李特之子李雄因作战勇猛，在李流病逝后被推为首领。

303年闰十二月，罗尚在接连败北之后，从成都撤出。

304年十月，李雄自称为成都王，改元为建兴元年。306年六月，李雄见西晋王朝仍然忙于内斗，便即位称帝，改元晏平，国号为大成。蜀地的五斗米道首领范长生也来助阵李雄，成为大成的丞相，这显示出李雄已经得到当地百姓的拥护。李雄和范长生确实也在当地实行休养生息的政策，让蜀地人民得以度过较为和平的时光。

李雄的堂弟李寿改国号为汉，所以史书称李雄创立的政权为"成汉"。之后成汉为东晋将领桓温所灭，这自然是后话了，我们在后文将对成汉的结局作讲述。

《华阳国志》

《华阳国志》是现存最早的较完整的地方志，同时也是一部史书。全书共十二卷，约十一万字。第一到第四卷记载了梁、益、宁三州的历史地理，以地理为主，类似于正史中的地理志；第五到第九卷以编年体的形式叙述了两汉之交的公孙述、汉末的刘焉刘璋父子、蜀汉的刘备刘禅父子、成汉李氏等四个割据政权的历史,类似于正史中的本纪;最后三卷叙述了三州的贤士列女,类似于正史中的列传。

《华阳国志》的作者常璩是成汉人,曾在成汉政权中担任过散骑常侍的职位,后来归降东晋。据说常璩还当过成汉的著作官,这也为他撰写《华阳国志》提供了材料。

前凉张氏

前面介绍了西南方的成汉政权,这一节我们来介绍西北方的前凉政权。

河西地区,早在西汉武帝时便已经是我国的领土,当时属于凉州刺史部,西汉在凉州新设有武威、张掖、酒泉、敦煌等郡,这几个郡名多有寓意,比如张掖便有"张国臂掖"之意。到了西晋时期,河西四郡的行政区划归属依然是凉州。

301年,西晋朝廷任命张轨为凉州刺史,开启了前凉

政权的奠基史。

张轨,字士彦,安定乌氏(今宁夏固原市东南)人,其父张温曾担任太官令。太官令是九卿之一光禄勋的属官,可见张轨的出身并不算是高门,张轨凭借叔父的恩荫才得到了郎官的职位,安定的中正官给了他五品的品评。不过当时担任中书监的张华在与张轨交谈过后,认为张轨在经学和政治上都很有见地,安定郡的中正官给出的品第完全是在埋没人才,应是"二品之精"。有了张华的品鉴,张轨也得以步步高升,先后担任散骑常侍、征西将军司马等职位。

前面我们说到,晋惠帝时朝政动乱,张轨也看出了危险所在,于是急于寻求一处安身立命之所。因为张轨此前有在凉州作战的经历,所以他看中了凉州这一处所,于是朝廷任命张轨为凉州刺史,去平定当地的鲜卑叛乱。

张轨到任后,很快便镇压了当地的战乱,斩首过万。凉州平定后,张轨征召了凉州九郡的国子生员五百人,建立了学校,还设置了崇文祭酒的职位。张轨设置的崇文祭酒的地位颇为崇高,甚至和别驾的地位相仿(别驾是州刺史的高级佐官,出巡时可不与刺史同车,别乘一车,故有此名)。此外,张轨还在春季和秋季举行乡射之礼,这无疑

两晋南北朝

第二章 衣冠南渡

是一种劝学的方式，汉代太学就是用此礼来增加游学的生员。张轨的诸多举措，促进了河西儒学的兴盛。

张轨虽然割据凉州，但是一直对西晋朝廷保留着一份忠诚。310年，石勒大军逼近洛阳，晋怀帝向天下的都督刺史求救，只有张轨奉命来援，出师勤王。当时张轨派遣了以北宫纯为首的部队前往洛阳，并在河东地区打败了汉军的刘聪，京师人感怀万分，为张轨作了一首歌："凉州大马，横行天下。凉州鸱苕，寇贼消；鸱苕翩翩，怖杀人。""鸱苕"指的是威猛的鸱鸟，代指张轨的凉州铁骑。

西晋王朝危难之时，张轨也没有停止对朝廷的进贡，前后进贡器甲、马匹、毯布无数。洛阳城被刘曜攻破时，张轨的部下张斐、郭敷等人都为西晋殉难。313年，后来成为晋愍帝的司马邺进入长安，张轨又拟派步骑七万匡扶晋室。可惜，当时秦州刺史裴苞与东羌校尉贯兴"拒险断使"，迫使援兵不能得至，不过这还是给了晋愍帝很大宽慰。

晋愍帝在位时，张轨听从大臣索辅的建议，在河西地区恢复使用五铢钱。此前，因为经济混乱，凉州地区的人们都在使用布帛交易，然而布帛分割后容易损坏，白白浪费了织工的劳力。凉州地区恢复使用五铢钱后，百姓们都

大大感受到了便利。

314年五月，张轨去世，他死前的职位是太尉、凉州牧、西平郡公。虽然实际上张轨已经是凉州地区的统治者，但是他名义上自始至终还是西晋的大臣，在西晋危难之时也有匡扶之举，可谓晋臣无二。张轨的长子张寔在众人的推举下继续管理凉州。凉州这个非正常权力继承，也得到了晋愍帝的认可。

316年，晋愍帝去世，第二年琅邪王司马睿在南方即位。张寔虽然名义上拥护东晋的皇帝，但是拒绝使用东晋的年号，仍然使用晋愍帝的年号建兴，直到前凉政权灭亡。

河西儒学

前凉张氏是汉人世家，非常注重儒学，并收留了从动乱的中原过来的避难士人，对儒学向凉州这种当时还属于边远地区的传播起到了一定作用。

十六国时期，在凉州先后出现了五个政权，另外四个后世称为后凉、西凉、南凉和北凉。其中，西凉的创建人李暠也非常注

> 重儒学教化，他还立泮宫让高门子弟来学习儒学；南凉君主秃发利鹿狐也采取了不少崇兴儒学的措施。凉州割据期间，出现了以郭荷、郭瑀、刘昞为代表的河西大儒，在操行和学识上都为凉州的士人做出了典范。

志士哀歌

虽然西晋王朝因王室的内乱而葬送了司马家在北方的基业，迫使司马睿在南方建立了新的政权。不过，仍然有志士在致力守护大晋在北方的疆土，其中的代表人物便是刘琨和祖逖。

刘琨，字越石，中山魏昌（今河北无极县东北）人。刘琨是贾谧二十四友之一，同时还是中山靖王刘胜之后。刘胜是汉景帝的儿子、汉武帝的兄弟，据史书记载，他有子一百二十人，可谓是中国王族中子嗣最多的人之一。不过，刘胜并没有太多出名的后代，除了刘琨，最为出名的当属蜀汉的开国皇帝刘备了。

刘琨的祖父刘迈是相国参军、散骑常侍，其父亲刘蕃

官至光禄大夫，可见刘琨是毫无疑问的高门子弟。刘琨年轻时便颇有志向，有纵横之才，和祖逖同在司州担任主簿。祖逖也是生性豁达、慷慨尚气之人，两人一拍即合，情好绸缪，甚至睡觉时都盖一床被子。当时祖逖凌晨听到荒地有鸡叫，便把刘琨踹醒，说道："这并不是什么不好的声音。"于是二人便起来舞剑，这便是"闻鸡起舞"的典故。刘琨和祖逖都有英气，二人每次谈到世事，互相说道："若有一日四海鼎沸、豪杰并起，我不会选择和足下和中原相遇。"可见，二人都心怀抱负、惺惺相惜。

刘琨于306年出任并州刺史，在并州的治所晋阳（今山西太原西南）一边安抚百姓，一边与汉王刘渊的部队作战。面对实力强大的刘渊，刘琨采用了离间部族的计策，短时间就让刘渊的一万多户部来降。面对这种奇异的抵抗，刘渊倍感压力，于是放弃在并州发展，转而攻向司州的河东一带。

从刘琨招抚的效果来看，他确实在这方面有独到的能力。然而，刘琨在统御方面却并非能手，所以投奔的人虽然很多，但是离去的人也不少。加上刘琨出身大族，又有豪奢声色的爱好，自身无法保持长期振作的状态。刘琨还

两晋南北朝

第二章　衣冠南渡

不能多听良言，甚至听信谗言而杀害了忠心于己的令狐盛，这不仅令刘琨的下属们倍感心寒，还导致令狐盛之子令狐泥出逃，将晋阳的情况告知给了汉军。

312年，晋阳的虚实尽为汉军所知，汉帝刘聪派刘曜率军攻打晋阳。刘琨无力抵挡，只得求救于拓跋鲜卑。拓跋鲜卑的首领拓跋猗卢和刘琨交好，刘琨拉拢他作为助力，并且向朝廷表奏他为大单于，还将雁门郡（治广武，今山西代县西南）的几个县给了他。这次，拓跋猗卢率领大军援助刘琨，猛攻晋阳。刘曜抵挡不住，计划将晋阳百姓迁出，然而鲜卑部队不分汉军还是晋民，一路杀戮，尸横遍野。之后，拓跋猗卢派遣亲信驻守晋阳，而落魄的刘琨只能驻扎在阳曲（今山西阳曲县西南）。

从这些不难看出，刘琨联合拓跋鲜卑的计划可谓是引狼入室，然而他不想放弃，仍然想为大晋守住并州，实现自己年少时的抱负。此时，他的昔日好友祖逖正在琅邪王司马睿的帐下，驻扎在长江南岸的京口（今江苏镇江市）。

316年，拓跋鲜卑部族发生内乱，不少拓跋部族投奔刘琨。靠着这支兵力，刘琨得以对抗前来攻打的汉将石勒。然而刘琨再次没能听信忠言，大败亏输，只得前去投奔鲜卑的段氏部落。

317年,刘琨与鲜卑的段匹䃅结为兄弟。其时,西晋已然灭亡,刘琨便派遣内甥温峤前往南方的晋王司马睿处,请求司马睿称帝。虽然刘琨想依靠段部鲜卑重整旗鼓,然而段部鲜卑也发生了内乱,其中段匹䃅和从弟段末柸的矛盾最大。

318年,段末柸想拉拢刘琨,并希望刘琨杀死段匹䃅。无奈密信被段匹䃅截获,于是刘琨备受怀疑,很快被段匹䃅关押。刘琨的长子刘遵担心被段氏屠杀,闭门据守,最终被段匹䃅杀害。刘琨被拘押时,曾写有名篇《重赠卢谌》,可谓是这位大晋志士最后的哀歌。不过,刘琨还是被那位刚结义一年的鲜卑兄弟杀害,时年四十八岁。

《重赠卢谌》

卢谌曾经是刘琨的下属,当时又担任段匹䃅的别驾。刘琨的《重赠卢谌》是激励卢谌,可惜卢谌并未领会其深意,待刘琨点醒后,卢谌甚至说:"阁下之前那首诗中充满了帝王大志,不是人臣所言",卢谌这话可能

指的是刘琨在诗的前半部分曾用了刘邦和刘秀的典故,其实这首诗的后半部分更为动人。

功业未及建,夕阳忽西流。
时哉不我与,去乎若云浮。
朱实陨劲风,繁英落素秋。
狭路倾华盖,骇驷摧双辀。
何意百炼钢,化作绕指柔?

此时的刘琨已经意识到自己的命运:胸中的功业还没来得及建立,末日却即将来临。时光如浮云一般迅疾,世道却掀翻了他的车驾。曾经身心犹如百炼精钢的他,怎么如今却变得如此软弱、任人欺负呢?

中流击楫

说完了刘琨的故事,让我们再来看看他年少时的知己祖逖。

两晋南北朝
第二章　衣冠南渡

祖逖，字士稚，范阳遒县（今河北涞水县）人。祖逖家世也非常不错，世代都有出任两千石官职的人，他的父亲祖武曾担任上谷太守。祖逖兄弟六人，他年少时不好读书，不过为人慷慨有气节，常常借兄长的名义散发谷物衣帛给周边贫困的人，于是乡人宗族都很看好他。之后，祖逖博览群书，在京城洛阳游历时也备受赞誉。

永嘉之乱时，祖逖率领宗族亲党几百家前往淮泗地区避难。泗水是淮河的支流，淮泗指的便是如今江苏徐州周边的地区。避难途中，祖逖将自己的车马让给同行的老弱病残，自己则徒步前行，药品衣食都与众人分享。祖逖有权谋方略，亲党宗族都推举他为行主，也就是流民帅。到了南方，琅邪王司马睿让他居住在丹徒郡的京口，也就是长江南岸。

如前所述，当时北方动荡，匈奴、羯族、鲜卑等势力占据了中原，胸怀壮志的祖逖想要收复失地。可是，当时的琅邪王司马睿急于经营江南，没有空暇去收复北方，祖逖向司马睿上奏说明自己的壮志，请求司马睿派给他部队前往北方。司马睿虽然任命祖逖为奋威将军、豫州刺史，然而只给他提供了一千人的粮食和三千匹布，还不给铠甲

兵仗,让祖逖自行招募兵马。就这样,祖逖仍然带着自己的一百多家部曲北渡长江,船只行驶到江中时,祖逖拍着船桨发誓道:"我祖逖若不能使得中原清净、大晋复兴,就有如这大江之水一般,有去无回!"众人都深感祖逖的壮志,慷慨北进。

317年,祖逖带领自己招募的部队,来到芦洲(今安徽亳州市),派人联络流民帅、坞堡主张平、樊雅等人。不料,这些坞堡主只是表面服从司马睿的管辖,实际上并不愿意帮助祖逖。这时,祖逖展现了远胜好友刘琨的统御才能,他一边分化这些坞堡主的势力,一边又向较为亲善的坞堡主发出救援。就这样,祖逖渐渐吸收了这些坞堡主的流民势力,击败了张平,降伏了樊雅。然而,祖逖这样的扩张也引起了原先对他友善的坞堡主陈川的担忧,陈川率众投靠了已经从汉国独立出来的名将石勒。

319年,石勒自称赵王。其侄石虎率军五万攻打祖逖。然而,兵略高超的祖逖设置了奇兵,打败了石虎。此后,祖逖多次与石勒的部队作战,于320年击败了赵将桃豹,之后还收复了黄河以南的许多土地,让石勒在河南倍感压力。石勒纵横中原,未曾遇过对手,却不敢对祖逖有所轻

两晋南北朝
第二章 衣冠南渡

视,甚至还派人在成皋县(今河南荥阳市西北)为祖逖的母亲修葺坟墓,还让双方互通贸易,又斩杀了从祖逖处叛逃的将领。石勒如此态度,也让双方百姓得到了暂时的和平。

虽然石勒与祖逖惺惺相惜,但是已然在南方称帝的司马睿对祖逖却忧心忡忡。司马睿不但不对祖逖施以援手,以便其进取中原,反而在321年任命毫无军略的戴渊作为祖逖的上司,对祖逖加以钳制。祖逖见状,心中自然颇为不满。此后,祖逖又得知东晋朝廷的王敦依仗军力嚣张跋扈,顿觉北伐无望,很快便忧愤成疾。

这一年的九月,带着北伐未竟的遗憾,祖逖去世,时年五十六岁。豫州百姓纷纷为他举哀,甚至为他立了祠堂。朝廷追赠祖逖为车骑将军,祖逖的弟弟祖约接过了他的部队,他的故事我们下章再讲述。

坞堡

永嘉之乱前后,中原战乱频仍,许多百姓从中原迁往各地较为和平的地区,比如西北的凉州,还有长江沿线的荆州、豫州、扬州等,往各处流动的百姓被称为流民。这些流民有些是分散流动,有些则是由大族率领。流民因历经磨难和险阻,自然拥有不弱的战斗力,率领流民的首领被称为流民帅,也因此受到司马睿的忌惮,本节的祖逖便是如此,下章的郗鉴也是如此。

当然,也有在战乱中仍然选择留在当地的百姓。这些百姓选择依靠当地的宗族势力或地方豪强,建立了坞堡与庄园。他们一面利用农耕与手工自给自足,一面加强训练来抵御外敌。这些坞堡和庄园外面还建有深沟高垒,设有塔楼预警,所以又有坞壁之称。坞堡的首领便是坞堡主。坞堡的产生可以追溯到同样动乱的汉末时代,当时在河北出现了以田畴为首的坞堡团体。

思 考

(一)你如何看待祖逖和刘琨这两位人物?

第三节 尴尬皇家

🌀 江南的东晋

这一小节,我们来讲述东晋的建国史。这自然要从我们之前已经出场多次的司马睿说起。

司马睿,字景文,是司马懿的曾孙。其祖父是司马懿的第三子琅邪王司马伷,其父亲是司马伷的长子司马觐。司马觐于290年去世,其后司马睿便继承了琅邪王的爵位。

我们前面提到过,八王之乱前夕,即291年,司马睿的叔父东安公司马繇因参与除去杨骏一系,得以破例升格为东安王。然而这位东安王因得罪了成都王司马颖,在荡阴之战结束后的304年被司马颖杀害。司马睿害怕受牵连,

之后便投奔东海王司马越，在 305 年得任平东将军、监领徐州军事，镇守下邳国（治下邳，今江苏邳州市南）。这时，司马睿便延请琅邪王氏的王导担任自己的司马。司马睿邀请王导担任司马，其一是因为王导的从兄王衍此时正在朝中与司马越紧密合作，其二是王导此前担任过司马越的参军，其三则是王导、王衍出身的琅邪国（治开阳，今山东临沂市北）正是司马睿的封地。

当然，司马睿和王导的私交也很不错。早在洛阳时，两人便相交甚密，王导还经常劝司马睿回到封地。307 年九月，司马越派司马睿经营南方的扬州，此时司马睿的职位是安东将军、都督扬州江南诸军事，自然也带着王导一起赴任。

琅邪王司马睿来到江东大族虎踞龙盘之地，自然是胆战心惊，急于得到这些江东大族的支持。西晋末年，江东的大族军事实力最为强大的当属义兴（治阳羡，今江苏宜兴市）周氏，还有出自吴郡（治吴县，今江苏苏州市）的顾氏和出自山阴（今浙江绍兴）的贺氏。

为了让司马睿得到江东大族的支持，王导特意在建邺（今江苏南京市）展示了威严整齐的队伍，使得当时的名士顾荣和纪瞻等人都大为惊异,不得不在路边对司马睿进行拜谒。除此之外,王导还亲自去请了顾荣与贺循这两位声望最高的大族代表,才让江东的世家大族逐渐开始拥护司马睿这位新来的司马家宗室。

三定江南

前面谈到,永嘉之乱后,许多北方的世家大族与流民来到了江南,司马睿与王导对这些人也是尽量收拢,因为他们需要更多世家大族的支持。在这些北方来的大族中,许多都活跃在日后的政治舞台,如太原王氏、陈郡谢氏、颍川庾氏、龙亢桓氏等。

307年,司马睿和王导来到了扬州。他们在扬州的经营看似稳定,但是仍然有不少隐患,比如南方的大族并不都愿意臣服于他们,其代表人物便是此前三定江南的义兴周氏。

所谓三定江南,其实前两次平定都发生在司马睿南渡之前。当时的扬州并不算太平,晋惠帝在位期间先后有两次大规模的起义,分别由石冰与陈敏率领,这两人都有割

据之志，不过都被义兴周氏的周玘率领地方武装平定了。值得一提的是，日后成为著名道士的葛洪也参与了平定石冰的战争。

而第三次定江南，发生在司马睿渡江之后的310年。当时周玘率军击败了自立为平西大将军、八州都督的晋将钱璯，因为钱璯率军劫掠了周玘的家乡义兴。

313年，因北方来的大族们身居高位，占夺田地，侵占了原本属于南方大族的利益，身为"地头蛇"的大族周玘自然是相当不满。于是，周玘意图让南方大族掌握扬州权力，发动了政变。不料，司马睿先下手为强，将周玘的权力剥除。周玘自知计划败露，不久忧愤而亡。司马睿和王导考虑到自身才来扬州不久，根基不稳，也不愿意过多得罪这些大族们，于是准备息事宁人，甚至给了周玘"忠烈"的谥号。然而周玘的儿子周勰与族人们并不领情，仍然要作乱。司马睿和王导在平定叛乱后，也没有追究周勰的责任，当然是为了能够和这些江东大族继续合作。

317年，司马睿在建康称晋王。这一年六月，刘琨的内甥温峤来到了建康，奉刘琨之命劝司马睿称帝。318年三月，司马睿在得知晋愍帝遇害后，改称皇帝，即晋元帝。

葛洪与《抱朴子》

葛洪，字稚川，丹阳句容（今江苏句容市）人，生于283年。葛洪的父亲曾担任东吴的会稽太守，葛洪年轻时也心向仕途，曾于303年招募了数百人一同投奔东吴大族顾秘，并参与镇压石冰的叛乱。之后，葛洪对仕途无意，专心于道教，颇有声名。东晋朝廷如司马睿、王导多次征辟葛洪，后葛洪于广州罗浮山专心炼丹，被后世称为葛仙翁。

葛洪的代表作是《抱朴子》，分为《内篇》和《外篇》。前者主要讲述道教中与炼丹、符箓相关的东西，甚至提到了早期制造火药的方法；后者则主要讲述时政，对于后人了解东汉至东晋的社会生活颇有作用。

❀ 思 考 ❀

（一）司马睿能够在江南建立东晋，成功的原因有哪些？

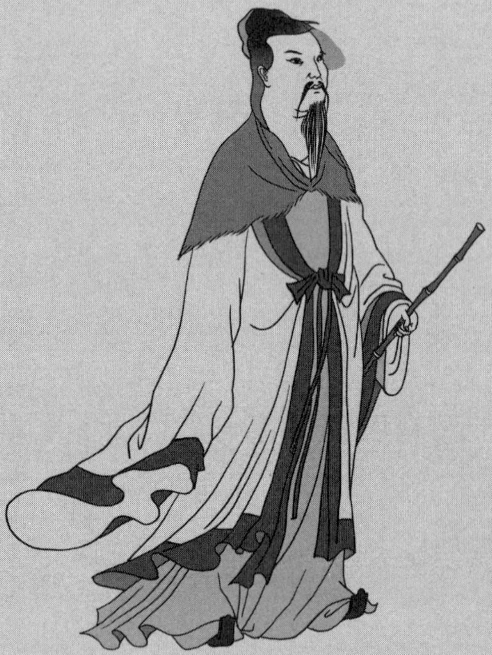

第三章

门阀政治

东晋一朝的统治,和当权的门阀大族是分不开的。第一个掌握重权的门阀大族,便是东晋大臣王导所属的琅邪王氏。

第一节 东晋初乱

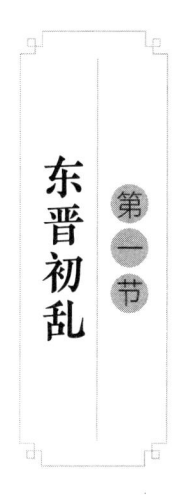

🌀 王与马，共天下

东晋一朝的统治，和当权的门阀大族是分不开的。第一个掌握重权的门阀大族，便是东晋大臣王导所属的琅邪王氏。

晋元帝司马睿和王导是同龄人，均生于276年，两人一起到扬州时均为三十二岁，晋元帝称帝时二人均为四十三岁。不过因为王导曾经在东海王司马越府上任职参军，有不少政治经验，所以相比晋元帝这位生活较为优渥的宗室，王导在处理政务与人际关系上自然熟稔很多，是一位更为成熟的政治家。

此前我们说过，晋元帝于扬州站稳脚跟，王导的功劳是非常大的。除了他之外，王导的从兄王敦功劳也很大。王敦比王导、晋元帝要大十岁，娶了晋武帝的女儿襄城公主，是一位驸马。当然，王敦本身的能力也非常出众，有着非常丰富的军政经验。晋元帝也非常看重王敦，先后授予他军事要职。在晋元帝称帝前，王敦就已经是镇东大将军，开府仪同三司，都督江、扬、荆、湘、交、广六州诸军事，江州刺史了。当时晋元帝还是琅邪王，所能掌控的也就是东晋南边十几个州，王敦一人能都督六州军事，且六州包括扬州、荆州和江州这几个大州，可见其权力之大。

王敦在外掌兵，王导在内为政，兄弟二人一同辅佐晋元帝，琅邪王氏也得以跻身第一流门户，时人都称"王与马，共天下"。如果王导、王敦兄弟能够像蜀汉的诸葛亮一样忠心辅佐晋元帝，晋元帝也能像刘备、刘禅父子一样对待二人的话，自然能成为一段佳话。无奈像诸葛亮与刘备这样君臣信任的关系还是太少见了，更多的则会像晋元帝与王敦、王导的故事一样发展。

318年，晋元帝司马睿继位，逐渐不再希望把权力全部交托给王导和王敦兄弟。这一方面来自王敦在地方上的嚣张跋扈，另一方面则来自司马睿身为皇帝的自我保护欲。毕竟维护与加强皇权是皇帝的天性。于是，晋元帝先是重用曾经在自己琅邪王时期担任幕僚的刁协与刘隗二人，这二人分别出自渤海刁氏与彭城刘氏，也是北方的大族。晋元帝这一做法本来无可厚非，然而因为他逐渐远离王导，让身在地方的王敦颇为不满，甚至上表发起了牢骚。

晋元帝并不是政治庸才，自然也感受到了王敦的恶意。321年，晋元帝听从刁协的建议，在扬州解除大族们属下僮客的奴仆身份，转而成为朝廷的兵马，之后还任命戴渊为司州刺史，在合肥镇守，刘隗为青州刺史，在淮阴（今江苏淮安市淮阴区西南）镇守。晋元帝这两个举动，明面上是要防备当时的后赵石勒，实际上则是防备身在荆州的王敦。

当时，东晋有两位名将，最为王敦所忌惮。一位是令石勒都不敢轻视的豫州刺史祖逖，其军事能力是王敦极为畏惧的；另一位则是平定地方叛乱的梁州刺史周访，周访曾多次与王敦斡旋。可惜，祖逖因晋元帝派戴渊钳制，于321年忧愤病亡，而周访也在320年病逝。

可以说，当得知二人去世的消息后，王敦倍感振奋，于是他和亲信沈充商量，准备发动叛乱。

> **沈充与沈郎钱**
>
> 沈充是吴兴武康（今浙江德清县）人，是当地的大族。为了响应王敦，沈充甚至还铸造了一种铜钱，名为沈郎钱。自西汉到晋朝，市面上流通的货币仍旧是汉朝的五铢钱，一铢即为一两的二十四分之一。蜀汉和东吴政权都铸造过面值比较大的货币，不过都造成了一定的通货膨胀，因此百姓们更乐意用谷帛等实物进行交易。
>
> 沈郎钱的重量为三铢半，却标明为五铢，这自然是属于比较轻的小钱了，百姓们自然不乐意使用。后世诗人在咏叹时多采用揶揄的口吻，比如李商隐的"今日春光太漂荡，谢家轻絮沈郎钱"（《江东》）。

两晋南北朝
第三章 门阀政治

🌀 王敦之乱

322年,王敦以诛杀刘隗为名,在荆州的治所武昌(今湖北鄂州市鄂城区西)起兵,而其亲信沈充则在家乡吴兴(治乌程,今浙江湖州市南)起兵,攻打建康。

晋元帝闻之大怒,急忙令驻扎外地的戴渊和刘隗回援,保卫京城。同时,他还让梁州刺史甘卓和广州刺史陶侃领兵勤王,袭击王敦的后方。然而,远在广州的陶侃根本来不及救援,而甘卓虽然驻扎在襄阳,却受了王敦的蛊惑,采取了观望的态度。

王导呢?他可能是这场战争中最为纠结的人物了,一边是家族,一边是朝廷。晋元帝原本便对王导有所怀疑,而刘隗和刁协更是劝晋元帝除掉王导。晋元帝颇为犹豫,王导甚至上宫殿请罪。这时,尚书右仆射周顗准备面见晋元帝,王导自然希望好友周顗为自己多说好话,甚至称把全家的性命都交托到周顗的身上。然而周顗没有搭理王导,进宫后却上表,向晋元帝说尽了王导的好话,并力保王导的忠诚,晋元帝也同意不再追究王导。周顗出门时,已经和晋元帝喝得大醉了,他仍然没有理会王导。王导见周顗

如此态度，自然认为他没有帮自己求情，非常生气。

虽然晋元帝没有对王导及其家人动手，但是王敦的军队并不会手下留情。没有了强力的外援，晋元帝的王师终究没有敌得过王敦的精锐部队。很快，王敦的兵马先是攻下了石头城，而后在建康城纵兵大掠，百姓饱受荼毒。

晋元帝知道王敦最想除去的是刁协和刘隗，痛哭流涕中，晋元帝命二人逃走，自己则选择留在宫中。之后，刁协在逃跑路上被杀，刘隗则跑到了后赵为官。

晋元帝对闯入宫中的王敦说："你如果想当皇帝，可以早跟我说，我回琅邪国便是了，何苦为难百姓？"王敦当然不会直接称帝，毕竟他这次是以清君侧为名起兵的。于是，王敦自封为丞相、武昌郡公，食邑万户，便领兵回了武昌。王敦回师之前，处死了领兵抵御他的戴渊及在言语上抵触他的周顗。之后王导在中书省发现了周顗营救自己的表文，这才知道自己错怪了这位好友，说道："我不杀伯仁（周顗字），伯仁却因我而死。"

这一年的闰十一月，晋元帝司马睿深感自己再也不能制衡琅邪王氏，忧愤而死，时年四十七岁，其长子司马绍继位，是为晋明帝。

两晋南北朝

第三章　门阀政治

323 年，王敦开始打起了帝位的主意，暗示晋明帝征召自己入朝。晋明帝没有办法，只好让王敦入朝，王敦把部队驻扎在了建康附近的姑孰（今安徽当涂），自称扬州牧。王敦在姑孰试图遥控朝廷，大肆杀戮异己。王敦之所以如此着急，是因为他已经病重了，他任命温峤为丹阳尹，试图让温峤替自己打探朝廷内情。

温峤是刘琨的内甥，自北方远道而来，自然要匡扶大晋，于是把王敦的逆谋都告诉了晋明帝。晋明帝胸有大志，不希望父亲的悲剧在自己的身上重演，于是谎称王敦已经病逝，下诏讨伐。此时，晋明帝表现出了君王的雅量，他任命王导为大都督，负责讨伐王敦。同时，晋明帝还听从了尚书令郗鉴的建议，让镇守在建康北边的部队皆来勤王。这一次，王导坚定地站在了朝廷这边，甚至配合晋明帝的诏书为王敦举哀。

其时王敦已经病重，只能让自己的亲兄王含和亲信钱凤、沈充等人来攻打建康。他没有想到，建康的朝臣们居然也都披甲上阵，领兵御敌。不久，朝廷在外部援军，如苏峻、祖约、刘遐等人的部队也纷纷到来，王敦的部队群龙无首，接连败北。此时王敦已经病逝，消息传开后，王敦的部队更是溃不成军,其亲信都被诛杀。

就这样,晋明帝司马绍总算平定了王敦之乱。他不知道的是,又一场变乱即将来临。只是,英年早逝的他看不到这一切了。

> **石头城与台城**
>
> 东晋南朝时的建康城,在如今南京玄武湖的南侧。建康城的南面城墙距离秦淮河大约五里,西边的城墙距离长江也有好几里路。在建康城外西边的清凉山(又称石头山)上有一座石头城,为当年东吴孙权亲手所建,是军事要塞。一旦攻破了石头城,建康城就在眼前了。
>
> 台城则是都城建康的宫城,是东晋及南朝皇帝所在的地方,同时台城也是中央官员们办公的官署所在。如中书省、尚书省、门下省等便都位于台城。

苏峻、祖约之乱

325年闰八月，年仅二十七岁的晋明帝司马绍因病去世，其子司马衍继位，年仅五岁，是为晋成帝。晋明帝临终时，任命西阳王司马羕、司徒王导、尚书令卞壸、车骑将军郗鉴、中书令庾亮、领军将军陆晔、丹阳尹温峤等人辅政。

王导和温峤此前已多次出现，只对另外几人做个简单的介绍。

司马羕是司马懿之孙、汝南王司马亮之子，论辈分还是晋元帝司马睿的叔叔，比晋成帝司马衍更是高了三辈，是宗室里德高望重的人物，当时任太宰。

郗鉴是北方过来的流民帅，虽然司马睿对拥有部队的流民帅们很是忌惮，但是对郗鉴颇为信任，允许他入朝为官。王敦第二次作乱时，也是郗鉴举荐苏峻、祖约等流民帅回卫京师，这才让东晋获得了短时的安宁。

卞壸和陆晔都在晋明帝为太子时担任过属官，也都参与过平定王敦的叛乱。不过卞壸是北方大族，其担任的尚书令是尚书省长官；而陆晔则是出自吴郡陆氏，是东吴名将陆逊的从孙，其担任的领军将军是禁卫军长官。

接下来是本节的关键人物庾亮，表字元规，颍川鄢陵（今河南鄢陵县西北）人。虽然庾亮也参与过平定王敦的叛乱，不过他更为重要的一个身份是晋明帝庾皇后的兄长，也就是说，庾亮是晋成帝的舅舅，还有庾怿、庾冰、庾条、庾翼四个弟弟。庾亮当时的官职是中书令，掌管了中书省，可谓手握大权。加上他有妹妹庾太后临朝听政，其权力隐约超过了司徒王导。

326年十月，御史中丞钟雅弹劾南顿王司马宗谋反，庾亮派人前往收捕。司马宗与庾亮有旧怨，自然不会束手待毙，随后被庾亮杀死。司马羕与庾亮同是顾命大臣，但因是司马宗的亲兄，也因此受到牵连，被贬为弋阳县王。庾亮倚仗自己是皇帝的舅舅，擅自剪除宗室，豫州刺史祖约和历阳太守苏峻本来就对庾亮颇有意见，这时便更加担心了。

在这次事件中，苏峻收留了司马宗的亲信，这让庾亮对苏峻这位流民帅更不放心。此前325年晋成帝继位时，庾亮想征召苏峻入朝，苏峻便怀疑庾亮这是要对自己动手。没想到，庾亮于327年再次征召苏峻入朝为官，诸大臣如王导、温峤等人都认为这么做不合适，容易激化流民帅与朝廷的矛盾，但庾亮还是坚持这么做。

果然不出王导等人所料，苏峻联合同在长江北岸的流民帅祖约发动了叛乱。此时江州刺史温峤自请领兵回卫京师，王导则建议派兵镇守在长江下游，防止叛军渡江，而刚愎自用的庾亮统统拒绝了。327年十二月，苏峻的部将占领了长江南岸的姑孰，庾亮这才反应过来，不过这时的他只得严守建康了。

328年二月，庾亮再次拒绝了中途阻击苏峻的建议，一意孤行。没过多久，苏峻攻打建康城，顾命大臣卞壸率军迎敌，与二子都阵亡战场。庾亮亲自领兵，也被苏峻打败了，仓皇失措的他和弟弟们逃亡到江州的寻阳（今江西九江）。很快，苏峻便占领了建康城，纵容士兵抢掠，只剩下王导在苦苦支撑，保护着大晋皇帝的颜面。

328年五月，庾亮和江州刺史温峤、荆州刺史陶侃一起带兵，前往建康攻打苏峻。有着流民帅身份的郗鉴也从广陵（今江苏扬州市西北）赶来勤王，而庾亮的弟弟庾冰也从会稽（治山阴，今浙江绍兴市）借得兵马。诸路部队纷纷与苏峻作战，九月，苏峻在战场上身亡，不过其弟弟苏逸继续坚守石头城，直到329年二月，苏峻的叛军才被彻底消灭。苏峻的盟友祖约于当年正月在历阳（今安徽和县）被打败，前往后赵投奔石勒。石勒虽然很看重祖逖，但是却非常看不上祖约，第二年便把他及其族人全部杀害了。

> **长江**
>
> 对于东晋及南朝的朝廷来说，长江可谓最后一道防线。毕竟都城建康就在长江边上，一旦突破了长江，建康近在眼前。
>
> 当时东晋各个大州中，与长江密切联系的有荆州、江州和扬州。扬州地处长江下游，而荆州则包括长江上游的区域，江州则处于长江中游。长江是东晋的第二道防线，对于东晋来说，长江的争夺战往往发生在内部区域，比如王敦及苏峻之乱就是围绕长江展开战事的。

❀ **思 考** ❀

（一）为什么东晋建国初期会有那么多动乱呢？

第二节 二赵纷乱

前赵的灭亡

就在东晋先后被王敦、苏峻、祖约等人搅动得大乱时，北方的前赵和后赵两个政权的斗争也到了白热化的程度，即将分出胜负。

我们之前提到，刘曜的前赵与石勒的后赵在319年相继建立。不过，刘曜的才能远远比不上他的从父刘渊，他以"赵"为国号，是为了打压石勒。然而他没有把精力放在东方的石勒身上，反倒把心思瞄向了西方。

石勒占据了原西晋的并州、幽州、冀州的大部分地盘，也就是如今的河南、山西、河北、山东一带；刘曜的前赵只是占据了原西晋的司州、秦州、雍州等地，大致是如今陕西、河南、宁夏、甘肃一带。相比之下，石勒的地盘比刘曜大很多。

刘曜没有实力与石勒硬碰硬，于是便想要收服西边的仇池杨氏和前凉张氏。前凉张氏我们之前讲过，是汉人张轨在凉州一带创建的政权，如今是张轨长子张寔在位；而仇池杨氏是氐人，其创建人杨茂搜在晋惠帝时占据了仇池（今甘肃陇南市仇池山），其子杨难敌占据了武都（治下辨，今甘肃成县）和阴平（治阴平，今甘肃文县）二郡，并向西晋宗室司马保称臣。司马保是南阳王司马模之子、东海王司马越之侄，占据了秦州一带，并不服从晋元帝司马睿。

320年正月，刘曜攻打司马保，接连取得胜利。五月，无能的司马保被部下张春杀害，其将陈安也向刘曜投降。

322年二月，刘曜攻打杨难敌，没有司马保的庇护，杨难敌也迅速请降，被刘曜封为武都王。此时，刘曜病重回军，陈安以为刘曜已死，自称凉王发动叛乱。

323年七月，刘曜亲自出征陈安，将其擒杀；而后继续出征前凉，其时张寔已于320年去世，其弟张茂继位，张茂不愿意与前赵对阵，举州请降，被封为凉王。第二年张

茂病死，张寔之子张骏继位，也接受了刘曜凉王的敕封。

不难看出，刘曜虽然频繁对西方的秦州、凉州一带用兵，但似乎他只要得到对方的请降姿态便已满足，并不执着于获得对方的领土。

后赵的石勒则在东方继续拓展。319 年后赵建立时，原西晋的并州、幽州、冀州等地，除了段氏鲜卑占据了幽州的部分地盘，名义上臣服于东晋的冀州刺史邵续占据了冀州的一些地盘，其他都已经归石勒所有。所以，石勒在建国后全力攻打这两股势力，终于在 321 年消灭了他们，当年害死结义兄弟刘琨的段匹磾也被石勒所杀。

而这一年，一直为石勒所忌惮的祖逖也去世了。于是，石勒把眼光对准了东晋，加快了对东晋的攻势，先后攻下淮河以北的诸多地盘，与东晋划淮河而治。此时对于石勒而言，北方除了那些远在辽东的鲜卑各部，最大的敌人便是前赵的刘曜了。

328 年七月，石勒之侄石虎攻打前赵的蒲阪（今山西永济市西），不料刘曜亲自前来救援，大败石虎，进而南渡黄河，使得后赵的许多守将一度臣服于刘曜。刘曜志得意满，举兵围困西晋旧都洛阳。十一月，石勒亲自出战，前往洛阳与刘曜对阵。十二月，刘曜战败被俘，刘曜之子刘熙和刘胤则逃往上邽（今甘肃天水市秦州区）。

329年，石勒之侄石生占据了长安。不久被刘胤的部队围困。石勒听闻，派遣石虎前往救援。刘胤一路溃败，再次逃到了上邽，最终与刘熙都被石虎俘虏，前赵就此灭亡。

> **淮河**
>
> 自东晋以来，淮河经常是南方政权的第一道防线，东晋的豫州便在淮河沿岸。所以，如何守卫淮河，便成了南方政权守卫疆土的重中之重。
>
> 与东晋经常在淮河一带作战的有后赵与后秦政权，祖逖便是在淮河流域与后赵作战的，后来的淝水之战发生在淮河流域的安徽寿县。

三巨头与郗鉴

前面我们提到，庾亮的一意孤行导致了328年的苏峻、

祖约之乱,这让刚刚掌握权力的颍川庾氏备受打击。作为庾亮的外甥,年幼的晋成帝自然不好多说斥责的话,只得宽慰庾亮。平乱之后少不了论功行赏,329年三月,荆州刺史陶侃加封太尉,江州刺史温峤加封骠骑将军,而庾亮为了平息众怨,选择走出朝廷,任职豫州刺史,在芜湖镇守。

此时,后赵已经消灭了刘曜,正在努力消灭前赵的残余势力。对于东晋来说,与后赵接壤的豫州、荆州尤为重要,所以庾亮选择去豫州,也是一种为国分忧的姿态。

然而,东晋内部的祸乱还没有停止。这年四月,江州刺史温峤病逝,临终前他推荐了刘胤接任自己的职位。刘胤并非上文提到的前赵皇帝刘曜之子,而是一位来自北方的将领。刘胤曾经担任过温峤的司马,不过在任职江州刺史后大肆敛财。与刘胤有旧怨的流民帅郭默对此非常不满,于这年年末袭杀了刘胤。

因庾亮出镇豫州,朝廷的事务自然是王导做主。王导一向是以息事宁人为上,多有"和稀泥"之势。王导一直很担心东晋境内的流民帅问题,面对郭默袭杀刘胤事件,王导明白,如果处理郭默,势必又要引发战争。于是,王导选择任命郭默为江州刺史。平心而论，王导的做法确实不妥，但是当时也没有更为"和平"的解决办法。荆州刺史陶侃对此就非常不满，向皇帝上表讨伐郭默，并写信对王导说："郭默杀方州，即用为方州；害宰相，便为宰相乎？"王导对此也表示很无奈，他知道自己拦不住实力强大的陶侃，只能表示任命郭默是权宜之计。

330年五月，陶侃率军剿除了郭默。此前郭默在中原之地曾与石勒交战，石勒畏惧郭默之勇，这也是王导不愿意开罪郭默的原因之一。如今陶侃轻松剿灭郭默，令东晋内外都对陶侃更加畏惧了。此战过后，陶侃兼任荆、江二州刺史，同时还都督了八个州，分别是荆、江、雍、梁、交、广、益、宁。东晋此时的领土大致在淮河以南，实际下辖州不过十几个，还包括一些侨州，陶侃此时可谓都督了东晋的半壁江山，实力可想而知。

作为执政者，王导是非常艰难的。以330年为例，此时他最大的政敌庾亮因舆论压力，出镇豫州；陶侃对王导没多少好感，却都督八州。王导、庾亮、陶侃，这三人可谓晋成帝执政前期的三巨头。

庾亮和陶侃都拥有极强的军事实力，而王导却没有，

这也是为何王导之前选择对郭默隐忍的原因。王导需要依靠这些武人和流民帅，来制衡各方势力，从而保证东晋大局的安稳。王导最为仰仗的人当是徐州刺史郗鉴，和一般粗豪的流民帅不同，郗鉴算是经学世家，其高祖郗虑曾在汉末任职御史大夫，还是大儒郑玄的弟子。郗鉴来到南方后，和王家结姻。郗鉴这个人非常注重大局，他坐镇京口，部下有为数不少的流民部队，实力强悍的他并不拥兵自重，而是致力于调和王导与庾亮、陶侃等人的矛盾。

330年，陶侃密谋废除王导的相位，郗鉴自然是极力反对，庾亮也不算十分支持。究其原因，庾亮本身也非常不信任陶侃，他担心一旦王导被废黜，下一个就轮到自己倒霉了。几番斡旋之下，陶侃的计谋未能得逞。

许多人认为陶侃有野心，《晋书》称他"潜有窥窬之志"，窥窬就是觊觎，是说陶侃有窥伺权位的意思。《晋书》对这些稍有野心的人都有一些不太好的评价，就连祖逖和刘琨这一对志士，也被《晋书》评价为好乱乐祸之辈。不管评价如何，陶侃终究没有如王敦一般做出叛逆之事，这一点是值得肯定的。

334年六月，陶侃去世，他的军事权力很大一部分转

两晋南北朝
第三章 门阀政治

移到了庾亮身上。339 年，是庾亮值得高兴的年份，这一年七月王导去世，八月郗鉴去世，颍川庾氏终于可以大展身手了。

侨州

侨州及侨郡、侨县是东晋南朝时的一种区划制度，设立背景是当时北方丧乱，许多州郡被外族占领，于是，东晋南朝为了接受并吸引更多的北方流民来到南方，便采用原来的州郡县名，来安置这些流民。

比如我们常常提到的京口地区，就安置了许多来自青州、兖州的流民。于是，东晋朝廷便在京口设置了新的青州和兖州。当然侨置的州、郡、县的实际区域一般都很小，旨在安置流民，也方便朝廷管理。所以，在东晋南朝这片明明大部分在淮河以南的国土，却出现了如并州、幽州、冀州等北方州名，这些州实际大都是在南方重新设置的侨州。

桓温灭蜀

339年王导去世后,他原本的扬州刺史的头衔落到了庾亮的三弟庾冰头上。扬州是首都所在地,扬州刺史自然是坐镇中枢了。此时庾亮出镇外放,庾冰坐镇中央,东晋朝廷内外无人能和庾家抗衡。

庾家兄弟掌握如此大的权力,自然是非常激动,他们致力于北伐,目标是后赵。石勒已于333年去世,这时后赵皇帝是石勒的侄子石虎。庾家这两兄弟并没有多少军事才能,他们对后赵的军事行动均以失败告终。

340年正月,庾亮在遗憾中去世,其后接任他掌握军事大权的是他的五弟庾翼。可以说,这时候东晋的格局已经从建国之初的"王与马,共天下",变成了"庾与马,共天下"。相比两位兄长,庾翼可谓颇有军事才能,他看人的眼光也非常不错,本节的主人公桓温,便是由庾翼发现的人才。

桓温,字元子,出自龙亢桓氏,他的父亲桓彝曾任宣城内史,死于苏峻、祖约之乱。桓温出生于312年,据说他还没满周岁的时候,温峤就认为他有奇骨,于是桓彝便

两晋南北朝
第三章 门阀政治

以"温"字给他取名。桓温身材魁梧，生性豪爽，父亲的战死与泾县县令江播有关，桓温立志报仇，之后趁江播丧礼时假称是吊丧的宾客，将江播的三个儿子都杀死了，一度传为美谈。后来，桓温娶了晋明帝的女儿南康长公主为妻，先后担任琅邪太守、徐州刺史等官职。因为庾翼的关系，桓温备受器重。

342年，晋成帝司马衍去世，年仅二十二岁。之后，庾冰立晋成帝的同母弟司马岳为帝，是为晋康帝。晋康帝在位期间，庾翼发动了一次北伐，不过没有多大的斩获。344年九月，晋康帝去世，年仅二十三岁。晋康帝去世之前，朝廷在继承人的选择上发生了争执。庾冰和庾翼认为应该立晋元帝的儿子、时年二十五岁的会稽王司马昱，而宰相何充认为应该立晋康帝年仅两岁的儿子司马聃。不过，晋康帝最后还是主张让自己的儿子继承大位，是为晋穆帝。

被庾氏兄弟不看好的晋穆帝即位后，庾家的好日子算是到头了。344年十一月，庾亮去世；345年七月，庾翼去世。庾翼临终前想让自己的儿子继任荆州刺史，不过宰相何充却推举了桓温。345年八月，桓温转任荆州刺史，都

督荆、司、雍、益、梁、宁六州军事。此时桓温的地盘虽然和后赵接壤，但是他明确知道后赵是块硬骨头，不能重蹈庾家兄弟的覆辙，决心先灭掉成汉李氏。

成汉李氏我们之前特意用一节讲述过，主要讲述了李雄家族的发家史。334年，李雄去世，临终前坚持把王位让给了其侄李班，就此埋下了祸端。其后，李雄之子李期夺了王位，之后李雄的堂弟李寿又夺了李期之位，还把国号从成改为汉。343年，李寿病逝，其子李势继位。李势荒淫无道，成汉国力日渐衰退，还发生了不少内乱。

这样，我们就能明白为何桓温要决意灭掉成汉李氏了。346年十一月，桓温出兵讨伐成汉。按说蜀地险峻，很难攻打，然而桓温也算是军事奇才，他放弃粮草辎重，带领奇兵直接袭击成都。桓温与成汉军队交战，于347年三月攻克了成都，李势只得请降。

桓温灭成汉，可谓是东晋建国以来最大的对外战功。经此一役，桓温的声望和权位非他人能比，这也奠定了他日后走向权臣的道路。

龙亢桓氏

桓温出身龙亢桓氏，龙亢在现今的安徽怀远县西北。与东晋其他名门望族不同，桓温的家族谱系颇为不明朗，无法追溯到曹魏时期。我们从桓温的传记中，只能知道他的父亲是桓彝，而桓彝自称东汉大儒桓荣之后，中间的谱系则不清楚。

据田余庆先生考证，桓温的家世之所以如此神秘，可能是因为他的祖上是在高平陵之变中帮助过曹爽的大司农桓范。高平陵之变后，桓范家族被屠戮，不过却有人幸存了下来。到了西晋禅代后，虽然这些禁令开始松弛，但是桓氏族人不得不将原先的家世隐秘下来。

后赵的衰弱

上节我们说到桓温不敢与后赵硬碰硬，只能选择消火成汉李氏。有意思的是，强大的后赵确实没有亡于外乱，

而是在内患中衰落、灭亡了。让我们将时针往前拨动，追叙一下后赵的历史。

石勒于319年建立后赵，自称赵王；330年九月称帝，封石弘为太子，封战功赫赫的侄子石虎为中山王。333年七月，石勒去世，石弘继位，然而二十岁的石弘对从兄石虎非常害怕。我们之前的章节中多次提到过石虎，他比石弘大将近二十岁，是一员猛将，不过在攻城时多有屠杀的举动，所以石弘害怕这位从兄也很正常。

石弘本不愿继位，他想让位给石虎，不过石虎坚决不从。这倒不是说石虎对皇位没有觊觎之心，而是他准备在继位之前消灭其他反对势力。334年十一月，在国内清洗完敌对势力，石虎废掉了石弘，此时的他还假意不愿称帝，暂且自称"居摄赵天王"，意思是暂且管理这个赵国。然而明眼人都知道，他当皇帝只是早晚问题。

石虎是一员猛将，在战略方面远远比不上石勒。石虎继位后十多年，后赵的地盘并没有多少拓展。不过，按捺不住皇帝瘾的他，还是在349年正月称帝了。不过，石虎的皇帝梦并没有实现多久，他在当年四月病重去世了。

两晋南北朝
第三章 门阀政治

石虎夺取从弟的帝位才掌控了后赵，他死后，后赵自然不得安生，一场内战就此爆发！石虎生性暴虐，他的儿子也多有暴虐之行，比如他的第一个太子石邃想要篡位弑父，阴谋败露后被石虎杀死；第二位太子石宣先是杀死了兄弟石韬，而后也想暗杀石虎，也被石虎处死。父子相残如此，后赵又岂能安宁？

石虎临终前定的太子是年仅十一岁的幼子石世，石世继位后，成为后赵继石勒、石弘、石虎之后的第四个皇帝。不过，石世很快被兄长石遵杀死。石遵继位后，遭到其兄石冲讨伐。于是，石遵派遣石虎的干孙子石闵前去迎敌，并杀死了石冲。石遵原本向石闵许诺，若其击败石冲便立石闵为太子。石闵本来是相信的，毕竟从辈分上说，他也算是石遵的从子。不过石遵出尔反尔，气急败坏的石闵转头杀死了石遵，并立了石虎的另一个儿子石鉴为帝，此时是349年十一月。

短短半年多时间，后赵已经换了三位皇帝。

> **天王**
>
> 东晋十六国时期，许多少数民族首领会有天王的自称，前后包括汉赵的汉天王、后赵的赵天王、前秦的大秦天王、大夏的大夏天王等。天王其实源于《春秋》，指的是周天子。不难看出，这些称呼反映了胡族在建立政权初期尝试向儒家靠拢，同时也是一种对国家概念的认同，是部落联盟向国家过渡的一种体现。

冉魏

这一节的主角便是石虎的干孙子石闵。

石闵并不是羯人，他原是汉人，本姓冉，他的父亲冉良在十二岁时被石勒俘虏，随后被石虎认作干儿子，从冉良变成了石瞻。石闵从小便表现出果敢敏锐的气质，被石虎当成亲孙子抚养。石闵成年后更是勇力绝人，在石虎麾下表现得有勇有谋，成为后赵的一员猛将。

前面说到，石闵杀死了石遵后，便立石虎的另一个儿子石鉴为帝。石闵自然不是真心想让石鉴当皇帝，而石鉴也明白石闵的野心。后赵中央的这两位当权者互相猜忌，地方上也是难以太平：石虎的另一个儿子新兴王石祗前来讨伐石闵，这直接导致后赵都城乱成了一锅粥。

石闵见内外纷乱，于是下了第一道命令"内外六夷敢称兵杖者斩！"这道命令就是让包括羯人在内的胡人缴械，石闵明显把自己当成了汉人。虽然石闵本身是汉人，然而他自小被羯人石虎抚养长大，身为后赵将领的他也杀了不少汉人，此时他以汉人自居，无非是为了获得更多的支持。

接着，石闵下了第二道命令："赵人（及汉人）斩一胡首送凤阳门者，文官进位三等，武官皆拜牙门。"如果说上条命令还只是让胡人缴械，这条命令摆明了是要汉人与胡人对立，互相残杀，这也是"杀胡令"之称的由来。

石闵这条命令一下，城内自然血流成河。石闵也带头去杀胡人，不论男女老幼，见人便杀。这一场血腥的屠戮，死了二十多万人，是一场惨绝人寰的种族屠杀。石闵的这种行为，应该永远受到历史的谴责。

350年闰二月，石闵杀死石鉴，后赵就此灭亡。随后，

石闵称天王，建立新的政权——大魏。石闵也改回了冉姓，其政权也被后世称为冉魏。不过，冉闵的大魏并没有坚持多久，羌族、氐族、羯族的首领都不愿意拥护他，反而愿意支持在襄国称帝的石祗。此时，见风使舵的冉闵表示自己并不愿意杀害胡人，还封了自己的儿子大单于这么一个明显带有胡人属性的封号。回头再看之前他颁布的杀胡令，冉闵可谓是一位十足的政治投机分子。

冉魏崛起之时，北方最为强大的政权莫过于慕容鲜卑创立的前燕，其奠基人慕容廆在西晋时曾担任鲜卑都督，其子慕容皝继位后，于337年自立为燕王，史称前燕。慕容皝在位时，前燕的军事实力也非常强大，于342年击败了后赵石虎的二十万大军，之后还吞并了段部鲜卑。慕容皝的几个儿子也很优秀，如慕容儁、慕容恪、慕容垂等都可谓一世之英杰，352年四月，冉闵在与前燕的作战中兵败被擒，并于五月被斩杀于前燕都城龙城（今辽宁朝阳市双塔区）。在胡、汉两端横跳的冉闵，其建立的魏国仅仅存在了两年多便灭亡了，甚至连成为十六国的资格都没有。

两晋南北朝

第三章 门阀政治

❀ 思 考 ❀

（一）东晋建国初期的这几位大臣（王导、郗鉴、陶侃），你最喜欢哪一位呢，为什么？

第三节 东晋的北伐

兰亭会与王羲之

339年,一代名相王导去世。从此,琅邪王氏退出了东晋的门阀政治。不过,琅邪王氏仍然出现了许多的优秀人才,其中最有名的便是王羲之。

王羲之(303—361),字逸少,是王导堂兄王旷的儿子,官至右军将军,所以世人称为"王右军"。王羲之年轻的时候,东晋重臣郗鉴派门生去王导家挑选女婿。王导的子侄辈都住在东厢,于是王导便让门生去东厢挑选。王家的子弟们虽然个个优秀,但一听说是郗鉴来选女婿,都拘谨起来。这时候郗鉴的门生却发现,有一个人居然敞开衣

两晋南北朝
第三章 门阀政治

服、露出肚子，躺在东床上吃东西，对自己的到来置若罔闻。门生回去后，便向郗鉴说起了这件事。没想到，郗鉴非常高兴，说道："这位正是好女婿呀！"便派人去寻访这位"坦腹东床"的王家子弟，打听后才知道是王羲之。于是，郗鉴便把自己的女儿嫁给了王羲之，王羲之也因此被称为"东床快婿"。从此，"东床快婿"也成为才华出众的女婿的美称。

当然，郗鉴看重王羲之，不仅仅是因为王羲之的旷达，还有他的才华。王羲之在书法上的造诣很高，他开始是学习卫夫人（西晋名臣卫瓘之女卫铄）的书法，之后博采众长，在行书、楷书和隶书上都有很大成就。王羲之的书法自成一派，与曹魏书法家钟繇并称为"钟王"，后世更是将王羲之称为"书圣"。郗鉴本人也是一位书法家，留有名作《灾祸帖》，他对王羲之的书法想必也非常欣赏。

王羲之最有名的一篇书法作品，便是闻名千古的《兰亭集序》。这篇序开篇便写道："永和九年，岁在癸丑，暮春之初，会于会稽山阴之兰亭，修禊事也。群贤毕至，少长咸集……"永和是晋穆帝的年号，永和九年便是353年。暮春指的是农历三月，修禊指的是在水边举行祛除不祥之

115

物的仪式。在古代，修禊正是上巳节的一个重要仪式，可见《兰亭集序》所说的"暮春之初"指的正是353年三月初三上巳节，而地点就在会稽郡的治所山阴县兰亭，也就是如今绍兴西南兰渚山下的兰亭。

参加这次"兰亭会"的人员一共有四十二人，大都是

两晋南北朝

第三章 门阀政治

东晋名士。这些人中，比较有名气的除了王羲之，还有谢安、谢万、孙绰等人，王羲之的儿子王凝之、王献之也参与了。值得一提的是，谢安便是成语"高卧东山"和"东山再起"的主人公。此时，谢安还在会稽的东山隐居。之后，因为其弟谢万北伐失败，他不得不出山振兴陈郡谢氏

家族，这便是"东山再起"的故事，当然这是后话了。

除了祛除邪祟的"修禊事"，名士们聚会还喜欢做的三件事便是谈玄论辩、流觞曲水和即兴赋诗。谈玄论辩我们在后面讲述玄学的章节中将会谈到，在这里我们主要说一下后两者。

觞是古代的一种酒器，可以盛酒，也可以饮酒。这些名士把酒杯放到弯弯曲曲的水道之中，让酒杯顺着水流漂浮，酒杯停在谁的面前，谁就要饮下这杯酒，这是名士的风雅。当时还有饮酒赋诗的风俗：酒杯停在谁的面前，谁就要赋诗一首，不然就要满饮此杯。这次兰亭会，一共留下了三十七首诗，王羲之将这些诗作汇成《兰亭集》，所以著名的《兰亭序》又称为《兰亭集序》。

东晋名士喜欢踏青郊外、饮酒赋诗、谈玄论道，表现出他们追逐山水、向往自然的情愫，也展现了及时行乐的心态。王羲之在《兰亭集序》中写道："当其欣于所遇，暂得于己，快然自足，不知老之将至。"也就是说，当他们遇到值得欣喜的事物时，会怡然自得，甚至忘了衰老即将来到。

东晋名士对时间的敏感和生命的珍惜，也来源于这个王朝的偏安状态。几十年前的永嘉之乱,对这些名士的父辈祖辈产生了不可磨灭的影响,使他们更加珍惜如今快乐和平的时光。

当然,参与兰亭会的这些名士没有意识到,一场大败即将来临。

> **书画双绝王献之**
>
> 王羲之的几个儿子都非常擅长书法,其中以第七子王献之最为出色。王献之擅长行书和草书,与父亲王羲之并称"二王"。
>
> 除了书法,王献之的画技也非常高超。据说桓温曾经让王献之在扇子上写字,王献之的笔落到扇子上,形成了一团团的墨迹。不过,王献之不慌不忙,将墨迹画成了一头母牛,画面十分精妙,一时传为美谈。

殷浩北伐

就在东晋名士们在兰亭畅叙幽情的时候,北方正在发生动乱。

自从 350 年冉闵称帝开始，北方便陷入动乱。这一年的闰二月，东晋朝廷认为北方有机可乘，便派遣殷浩都督扬、豫、徐、兖、青五州诸军事，准备北伐。

殷浩（303—356），字渊源，陈郡长平县（今河南西华县东北）人。简单来说，殷浩是东晋当时首屈一指的名士，名头甚至盖过了王羲之和谢安等人。在东晋，清谈能力的高低是跻身名士的重要凭借。殷浩来自陈郡殷氏，算是高门出身，他从小便对《老子》和《易经》特别喜爱，和叔父殷融都特别擅长清谈。殷浩凭借出色的清谈能力，迅速得到了名士们的推崇。

殷浩出身高门，又有出色的清谈能力，想做高官自然是轻而易举的。不过他却选择了隐居，当时三公府都想征辟殷浩，均遭到了拒绝。殷浩隐居长达十年，直到 346 年，才接受会稽王司马昱的邀请，出任建武将军、扬州刺史。

347 年，桓温消灭成汉，声望正隆，准备继续北伐建功。此时的会稽王司马昱身为宗室元老，非常忌惮桓温。于是，司马昱想利用名望颇高的殷浩来制衡桓温。殷浩和桓温本来就秉性不合，又加上政治因素，更是两不相容。王羲之看出了端倪，为了朝廷的稳定，劝说殷浩和桓温友

两晋南北朝
第三章 门阀政治

善相处，不过殷浩没有听从。

从350年闰二月殷浩准备北伐开始，因后赵、冉魏、前秦等政权战事不断，北方就不断有将领前来投奔东晋。352年，冉魏政权灭亡，原先西晋的土地上，逐渐形成了前秦、前燕、东晋三强争霸的局面。后赵和冉魏我们之前都讲过，在这里简单介绍下前秦。前秦是由氐人苻健建立的政权，苻健是略阳临渭（今甘肃秦安县）人，其父苻洪是略阳的氐人首领。前赵刘曜在位时，封苻洪为氐王。后来，石勒灭后赵，苻洪便臣服于后赵。349年，石虎病逝，苻洪便遣使向东晋投降。苻洪很快便被后赵将领毒杀，其子苻健便带领部队前往关中。当时中原大乱，苻健进入长安，占据了关陇（今陕西、甘肃一带）一带。351年，苻健自称大秦天王、大单于。352年，苻健称帝，国号大秦，定都长安，史称苻秦、前秦。

352年，对东晋来说，北方形势可谓一片大好，许多占据城池的将领前来投降，东晋如果在此时迅速对他们进行安抚，并对他们的地盘加以控制，确实是一个大好时机。然而殷浩并不明白这些，他手下的谢尚也不懂。殷浩认为征伐的时机已到，准备进兵。然而，此前谢尚对许昌降将

张遇有过无礼的行为，导致张遇变卦，进而谢尚和羌族降将姚襄的联军被前秦打败。殷浩并没有吸取张遇叛变的教训，反而开始提防姚襄这位智勇双全的羌族将领。他一边扣留姚襄的兄弟们，一边派人去行刺姚襄，甚至派人去袭击姚襄的军队。

353年十月，殷浩派姚襄为先锋，准备收复洛阳。然而姚襄早就对殷浩怀恨在心，于是暗地设伏，击败了殷浩的军队。殷浩准备反击，再次大败。这时候，距离兰亭会结束才半年多。

桓温知道自己的机会来了，于是在354年正月请求废黜殷浩。朝廷没有办法，只好将殷浩贬为庶人。殷浩北伐的失败并不意味着东晋的失败，而是意味着桓温的崛起——朝廷再也没有理由，来阻止桓温北伐建功立业了。

桓温的皇帝梦

上小节说到桓温一直立志北伐建功，而他一生一共进行了三次北伐。

第一次北伐是在354年二月，桓温率军讨伐前秦，水、陆两军并发，直指前秦的都城长安。桓温初期的进展比较顺利，他在蓝田（今陕西蓝田县西）击败了前秦名将苻生，而他弟弟桓冲则击败了前秦名将苻雄。接着，桓温来到了灞上（今陕西西安市东灞水西平原上），准备攻打苻健镇守的长安。当时关中地区的百姓看到晋军来到，都前来慰劳晋军将士，表示没想到有生之年还能看到官军。毕竟晋朝失去关中已经快四十年了。然而好景不长，因为前秦的军队采用了坚壁清野的政策，桓温在前方没有得到粮草，后方则因为运输线太长无法补给。久而久之，桓温无法坚持，加上兵力不足，在几次被前秦军队击败后，桓温只好撤退了。

第二次北伐是在356年，这次桓温的目标是冉闵旧将周成占领的洛阳与羌族姚襄占领的许昌，桓温讨伐的名义是请求朝廷迁都洛阳。这一次，桓温击败了姚襄，也降伏了周成。桓温在洛阳驻守了一段时间，随后撤军归来。当然朝廷众人并没有同意迁都洛阳，桓温也没有一再坚持，毕竟他之前迁都的提议只是为了师出有名。

随后，桓温有十多年没有进行大规模的北伐。

359年，东晋朝廷派遣豫州刺史谢万和徐兖二州刺史

郗昙攻打前燕。此时的前燕君主是慕容儁，其弟弟慕容恪和慕容垂都是当世名将，前燕势力强大，对中原虎视眈眈。与之形成鲜明对比的是，谢万和郗昙的军事才能比殷浩好不到哪儿去，谢万甚至还当众侮辱手下的将领。这场战争自然也以失败告终。

361年五月，晋穆帝司马聃去世，年仅十九岁。朝廷决定让晋成帝司马衍的长子司马丕继位，是为晋哀帝。晋哀帝在位期间，桓温的势力继续扩张，他的弟弟桓豁任职荆州刺史，他的另一个弟弟桓冲任职江州刺史，他本人则有了"都督中外诸军、录尚书事"的头衔，都督中外诸军是掌控了都城建康的军事，而录尚书事则是指能参与政务决策。

364年三月初一（庚戌日），桓温认为当时东晋的侨州、侨郡、侨县过多，导致"民无定本，伤治未深"，决定进行土断，也就是给这些原本属于侨籍的百姓重新划分户籍。东晋此前为了招揽流民而设置侨州郡，造成了两大弊端：其一是侨州郡县的设置过于杂乱烦冗，造成了管理上的诸多困难；其二则是这些侨民不用承担税赋和劳役，减少了朝廷的收益。经过土断，朝廷合并、撤销和改属了许多侨

两晋南北朝
第二章 门阀政治

置行政区，精简机构的同时又收获了许多需要纳税服役的编户齐民。桓温进行的这次土断规模庞大，让东晋"财阜国丰"，史称庚戌土断。

365年正月，晋哀帝去世，其弟司马奕继位，是为海西公。在海西公即位的几年里，桓温一直在考虑废帝自立的事情，不过他认为自己还是缺少功劳，毕竟他上一次北伐已经是十多年前的事情了。这次，他的目标是前燕，此时前燕君主慕容儁已经去世多年，新任君主是其子慕容暐。至于慕容恪和慕容垂两位前燕名将，前者于367年去世，后者则受到权臣慕容评（慕容垂的叔父）的猜忌，桓温认为自己的机会已经来临。

369年四月，桓温发动了他的第三次北伐。与之前一样，初期的战争非常顺利，桓温接连拿下了许多城池。七月，桓温进军到了枋头（今河南浚县西），这里距离前燕的都城邺城已经很近了。慕容暐远远比不上他的父亲慕容儁，听闻桓温军队即将来到，甚至想弃城而逃。不过，慕容垂还是坚持请兵出战，并派人向前秦君主苻坚求救。名将慕容垂加上来援的前秦军队，让桓温措手不及，吃了一个有史以来最大的败仗，死伤数万人，史称枋头之败。

桓温虽然失败了，但是权欲熏心的他还是想做皇帝。然而，他如今的威望已经大不如前了。371年十一月，桓温将皇帝司马奕废为海西公，改立司马睿的幼子会稽王司马昱为帝，是为简文帝。司马昱的年龄只比桓温小几岁，生性懦弱，此前在朝政上试图制衡桓温而惨遭失败；桓温多次暗示朝廷赐他九锡，幸好朝廷里有陈郡谢氏的谢安和太原王氏的王坦之在其中斡旋，才得以拖延时间。

373年七月，桓温带着他的皇帝梦去世了。

都督中外诸军事

都督中外诸军事（或都督内外诸军事）这个职位，在魏晋南北朝时期很是常见，一般是加在权臣身上的，最早见于《宋书·百官志》，其称曹魏时期的大将军曹真便是"都督中外诸军事"。

不过，这个官职不能望文生义而理解为统领全国军队，比如东晋的王导也有"都督内外"的职位，但事实上王导并不能统领地方上的军队。其实，这个"内外"指的并不是京城内与京城外,而是指宫城内和宫城外,也就是掌管宫城的禁军与京城的中央军。当然,这也是一个非常重要的军事官职。

❀ 思　考 ❀

(一) 如果你参加了兰亭会,你会对王羲之他们说些什么呢?

(二) 桓温的皇帝梦为什么破灭了?

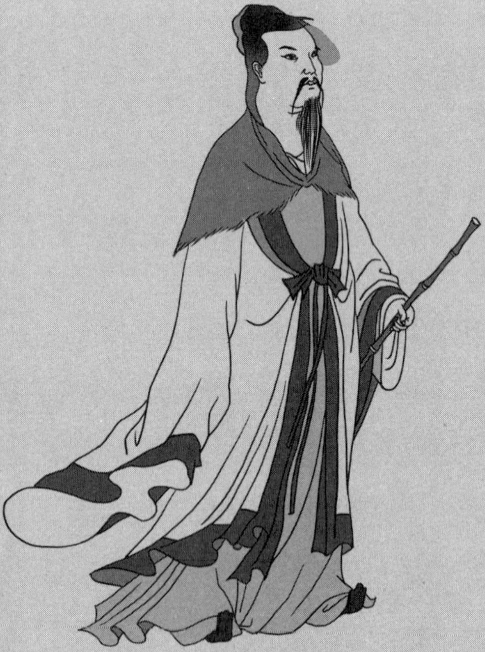

第四章 南北纷乱

面对如此强悍的军力,东晋只能派出八万将士迎敌,主将是谢安的弟弟谢石,前锋都督是谢安的侄子谢玄,另外还有谢安的儿子谢琰和铚县桓氏的桓伊。当时东晋朝廷最有军事经验的当属荆州刺史桓冲,他认为谢安让谢玄、谢琰这些小辈们前往御敌,实属不明智。

第一节 秦晋之战

刘葛再世

这一节，让我们暂时把目光放到北方。自从后赵灭亡后，北方涌现了两个强大的政权，分别是氐人苻氏建立的前秦与慕容鲜卑建立的前燕。前秦在西，前燕在东，占据了西晋时的北方地区。在桓温的第三次北伐中，前秦君主苻坚还派遣军队援救了前燕。毕竟苻坚明白，如果桓温快速吞并前燕，对自己并不是一件好事。

苻坚（338—385），字永固，是前秦开国君主苻健的侄子。苻健于352年建立前秦，355年去世。其子苻生继位，他生性暴虐，残害大臣。357年，苻坚废除了苻生，自立

为大秦天王，时年二十岁。

苻坚虽是氐人，但是非常向往汉文化，其人博学多艺，有经世之志，喜欢交结英豪。苻坚明白，要想实现自己的

两晋南北朝
第四章 南北纷乱

抱负，就必须招揽更优秀的人才。这时，他听说了一位隐居在华阴山的高人——王猛。

王猛（325—375），字景略，北海剧县（今山东寿光市）

133

人。少年时家庭贫困，不过王猛勤奋好学，特别喜欢读兵书。王猛为人庄重刚毅，气度雄浑，当时的浮华之士自然看不上他。王猛也不会理会这些人，毕竟他心中怀有辅佐明君、治理天下的大志，于是他到华阴山隐居，只为等待风云变幻。桓温第三次北伐时，王猛前去与桓温相见，桓温与他谈话之后很看重他，甚至撤军时想要带王猛回东晋。不过，王猛并没跟随他回去。

苻坚派人把王猛请过来，和王猛交谈过后，苻坚便觉得和王猛一见如故，而谈到天下兴废的大事时，两人又非常志同道合。苻坚认为，他遇到王猛，就像当年刘备遇到了诸葛亮一样。历史上的刘备弘雅有信义，而苻坚也是如此，甚至比刘备更为仁厚；而王猛是一位军政奇才，足以和诸葛亮媲美。苻坚和王猛的组合，可谓"刘葛再世"。

苻坚要统一北方，在军事方面必须解决内外两个问题。

内部问题是苻氏宗室，这些人都手握大权，王猛曾经劝苻坚痛下杀手，不过宽仁的苻坚没有同意。可是，这些苻氏宗族最终还是在367年起兵作乱。368年，苻坚在王猛的帮助下，先后讨灭了这些宗室，不过没有对他们赶尽杀绝。

第二个问题是外部问题，苻坚最大的敌人当属慕容鲜卑的前燕。前燕的慕容儁与慕容恪虽然去世了，毕竟还有名将慕容垂坐镇，这也是苻坚忧虑的地方。不过，机会很快就来了。

369年，桓温的第三次北伐被慕容垂与前秦援军击退。此战过后，慕容垂功高震主，更加引起了他的叔父慕容评的忌惮，慕容评甚至密谋要杀害慕容垂，就连前燕君主慕容暐对慕容垂这位叔父也很是猜疑。万般无奈之下，慕容垂做出了出逃的决定，于当年的年末投奔了前秦。苻坚见慕容垂前来投奔，自然是大喜过望，于是抓紧了对前燕的征伐。王猛劝苻坚就此除掉慕容垂，苻坚没有听从。王猛倍感无奈，不过他还是继续帮助苻坚消灭前燕。足智多谋的王猛仅仅用一封信，便降伏了前燕占据的洛阳。

370年六月，在王猛的策划下，苻坚大举出兵，在年末便消灭了前燕。可以说，前燕并不是亡于外患，而是亡于内乱。假使慕容评不猜忌慕容垂，前燕不可能这么快就消亡。

吞并了前燕政权的前秦更为强大了，苻坚加快了统一

北方的脚步。虽然前凉末代君主张天锡于 371 年向苻坚称臣，不过苻坚还是在 376 年消灭了前凉。同一年，拓跋鲜卑建立的代国发生了内乱，苻坚乘势消灭了代国，基本统一了北方。

可惜，为苻坚在军事和内政上都立下汗马功劳的王猛没有看到这一天，他已于 375 年去世，临终前他给了苻坚两条建议。其一是不要对晋朝用兵；其二则是应该及时处理国内的鲜卑与羌族等外族首领。虽然苻坚很信任王猛，且胸有统一大志、为人宽厚仁义，但他并没有听从王猛这两条建议，也为他之后的败亡埋下了伏笔。

淝水之战

王猛临终前劝苻坚不要对东晋用兵，并不是因为他是汉人，而是他认为桓温死后的东晋已经抱成一团，如陈郡谢氏与龙亢桓氏的代表人物谢安、桓冲都没有篡位的野心，加上有淮河、长江之险，确实很难攻破。

相比之下，在王猛死后的一年，苻坚表面上统一了北方，但前秦的内部问题还是很大的。最让王猛担忧的便是

两晋南北朝
第四章 南北纷乱

以鲜卑慕容垂、羌族姚苌（姚襄之弟）为首的异族部队。不过，宽厚的苻坚认为对这些已经投降的首领们，没有必要赶尽杀绝，甚至还让他们继续统领之前的部队。不得不说，苻坚有点宽厚过头了，完全没有防备之心。

自 373 年七月桓温死后，东晋内部确实比较和平。简文帝司马昱已经先桓温一年去世，临终命其子司马曜继位，是为孝武帝，时年十一岁。此后的东晋朝廷里，掌握军权的门阀分别是陈郡谢氏、太原王氏、龙亢桓氏、铚县桓氏等，他们都没有篡位的野心，更多的只是权力方面的政治斗争。

然而有一统天下雄心的苻坚管不了那么多，他决心攻打东晋。

378 年四月，大战前奏开启，苻坚的太子苻丕攻打重镇襄阳，另外，苻坚还派遣将领攻打魏兴（治西城，今陕西安康市西北汉江北岸）、彭城（治彭城，今江苏徐州市）、淮阴、盱眙（治盱眙，今江苏盱眙县东北台子山）等地，这几处郡县都在汉江、淮河沿线的重镇。前秦此次可谓全线出兵，意图让东晋难以多方救援。

379 年二月，襄阳失守，梁州刺史朱序被俘虏，苻坚

按照以往一贯的做法，优待朱序。之后，魏兴、彭城、淮阴、盱眙等地也接连失守，不过谢安之侄谢玄率领的北府兵很快收复了淮阴和盱眙，算是挽回了一些损失。

此后，苻坚因内部动乱，稍微延缓了对东晋的攻势。

382年十月，苻坚决心亲率大军讨伐东晋。虽然众多大臣都表示反对，但是苻坚听不进去意见，他认为自己兵力强大，"投鞭于江，足断其流"，认为东晋没什么可怕的。

383年八月，苻坚从长安出发，这一次他可谓倾尽了前秦的兵力，参战的部队据说步兵有六十多万，骑兵二十七万。当然这些兵力不可能集中一处，是多线进攻。最前方的是苻坚弟弟苻融的三十万部队，一路开到了颍水。

面对如此强悍的军力，东晋只能派出八万将士迎敌，主将是谢安的弟弟谢石，前锋都督是谢安的侄子谢玄，另外还有谢安的儿子谢琰和铚县桓氏的桓伊。当时东晋朝廷最有军事经验的当属荆州刺史桓冲，他认为谢安让谢玄、谢琰这些小辈们前往御敌，实属不明智。

383年十月，苻融攻占了寿阳（今安徽寿县），此时原

两晋南北朝
第四章 南北纷乱

本不赞成攻打东晋的他也逐渐傲慢了起来。苻坚更是派遣朱序前往晋军阵前要其投降,朱序曾经坚守襄阳将近一年,投降前秦不过是权宜之计。朱序见到晋军后,便劝晋军要即刻动手攻打前秦,不然等百万大军到齐,那就更难办了。

谢玄派刘牢之与秦军开战,北府兵精锐异常,首战告捷,斩杀秦军一万五千多人。战后,苻坚登上寿阳城,看着城外的八公山,竟然把八公山上的草木也当成了晋军,这就是"草木皆兵"的典故。苻坚当即说道:"此亦劲敌也,何谓少乎?"可见,此时的苻坚开始有了畏惧之心。

秦军和晋军沿着淝水两岸布阵,谢玄派人告诉苻坚,请求秦军稍微后退一下,以便晋军渡河,更好交战。擅自退军,自然是兵家大忌,然而苻坚却认为,完全可以等到晋军渡江渡到一半时,再进行攻击。《孙子兵法·行军篇》说:"客绝水而来,勿迎之于水内,令半济而击之,利。"苻坚的想法自然是好的,然而他没有料到自己的大军在撤退的过程中,东晋的内应朱序在军中大叫"秦兵败矣",秦军立时大乱。谢玄的军队一顿冲杀之下,秦军便真的大败了,死伤无数。

战后，苻坚只带着一千多骑兵撤退，前去投奔慕容垂的部队。当时慕容垂已有独立之心，他的儿子慕容宝劝其

两晋南北朝
第四章 南北纷乱

杀掉苻坚，慕容垂心中不忍，仍然将军权交给了苻坚。靠着慕容垂的部队，苻坚才得以收集残兵，回到了洛阳。

> **北府兵**
>
> 北府兵的前身,便是郗鉴在京口组建的流民军队,也就是长期在江淮地区活动的老牌军队。这些军队的组成大多是流民,战斗力颇为强悍。不过这支军队常常有聚有散,有的是战争失利的减员,有的则成了没有统属的流民武装。东晋时将京口称为北府,将历阳称为西府。
>
> 谢玄镇守京口时,为了抵御前秦,再次招募劲勇之士,这次集结的则是在江淮之间流散的部队。谢玄并非是直接招募兵士,而是招募流民帅将领,比如刘牢之、孙无终等人,这些人就是北府将领。此后,这支军队便称为北府兵。

释道安与鸠摩罗什

苻坚的结局我们这里暂且不讲,留待下文再做讲述。我们先讲下与苻坚有关的两位僧人。宽厚待人的君主苻坚,

两晋南北朝
第四章 南北纷乱

对佛法非常有兴趣,对高僧也很礼遇。

第一位是释道安,他是中国第一位姓释的僧人。

释道安(312—385),本姓卫,常山扶柳(今河北冀州区西北)人。释道安出生于312年,自小出家为僧。西晋灭亡后,释道安来到了后赵都城邺城,并拜后赵僧人竺佛图澄为师。后来,释道安预感到后赵将要大乱,于是决定前往东晋的襄阳。继续宣扬佛法。东晋名士习凿齿见到释道安后,自称"四海习凿齿",释道安对道:"弥天释道安。"这段对话一时被传为美谈,习凿齿还向谢安称赞释道安博学多闻令人敬仰。

在襄阳,释道安发现佛经经常有翻译错误的问题,于是对经书做了很多注释,让众人更容易领会。当时荆州刺史桓豁邀请释道安来江陵(今湖北江陵县),襄阳守将朱序也对释道安倍加礼遇。之后,释道安在襄阳建了檀溪寺,就连前秦君主苻坚都派人给他送来了佛像。

378年,苻坚派人攻打襄阳。释道安担心一旦襄阳失守,佛法无法得到传承,于是命各位弟子带人分散至各地传道,其中最为重要的一支是他的徒弟释慧远带队,最后释慧远落脚在庐山弘法传教。襄阳沦陷后,苻坚命人将释

道安和朱序等人送到了都城长安，高兴地说："我派出十万之师攻取襄阳，只是为了得到一个半人。其中一个是释道安，半个是习凿齿。"苻坚让释道安住在五重寺，让他在这里弘扬佛法，教化民众。苻坚发动淝水之战前夕，释道安也曾参与劝阻，然而以失败告终。

释道安在前秦时，常和弟子们在弥勒菩萨像前立誓，望死后能登天界。385年，忽然来了一位僧人，告诉释道安心愿即将达成。传说释道安在这位怪异僧人的指引下，看到了美妙的盛景。不久，释道安便去世了，时年七十二岁。

据《高僧传》记载，释道安最初跟随竺佛图澄而姓竺，后来他认为佛学大师里没有比释迦牟尼更值得尊重的了，于是便以释为姓氏。之后，中国本土僧人多以"释"为姓，便来源于释道安。

第二位则是鸠摩罗什，这是历史上非常有名的一位译经大师，在介绍他的同时也顺带介绍一下十六国政权中后凉的建立。

鸠摩罗什（344—413）的家族，本来是天竺国的名门望族，后来其父鸠摩罗炎来到了龟兹国，与龟兹公主成亲。

两晋南北朝
第四章 南北纷乱

鸠摩罗什的母亲在怀孕时，有僧人对她说，她必然会生下一位有智慧的人，不久鸠摩罗什便出生了。第二年，他的母亲也出家了。

鸠摩罗什出生于344年，因受到家庭的熏陶，七岁便已出家，随后开始学习佛经，天赋异禀的他很快就在附近有了很高的名声。鸠摩罗什先前一直学习小乘佛经，十四岁开始跟随莎车国王子须耶利苏摩学习大乘佛法。之后，依靠精彩的辩经能力，鸠摩罗什声名大噪，传遍了西域各国。此后，他一边在西域讲解佛法，一边翻译经书。

很快，苻坚也知道了鸠摩罗什的名字，于377年派人前往西域，请求鸠摩罗什到前秦讲经，龟兹国王自然不肯让鸠摩罗什这位神僧离开。383年，苻坚派遣大将吕光征讨西域，其中一个原因，便是想要得到鸠摩罗什。

384年，龟兹被吕光攻下。然而吕光并不尊重鸠摩罗什，甚至逼迫鸠摩罗什犯戒。当然，吕光也不着急回到长安，因为此时苻坚已经失败，中原地区大乱。于是，吕光选择在凉州割据，建立了后凉政权，鸠摩罗什也留在了后凉都城姑臧（今甘肃武威市南）。鸠摩罗什在凉州被限制了人身自由，不过幸运的是，他至少可以为大众讲习佛法，

与同道辩论佛经，同时与弟子们一起翻译经书。

401年，敬慕佛法的后秦君主姚兴（姚苌之子）派人接鸠摩罗什来到长安，当时后凉政权已经衰退，鸠摩罗什不敢不从。就这样，鸠摩罗什来到了长安，开始他最为稳定的译经生涯，与弟子们先后译出佛经数百卷，可谓功德无量。

413年，鸠摩罗什在长安去世，时年七十岁。

以释为姓

在释道安之前，中国本土僧人并没有专属的姓氏，一般都是依照自己师父的姓为姓氏。这些师父大多来自外国，且大多以地名为姓。

来自天竺的大都以竺为姓，如东汉时期的著名天竺国僧人竺法兰和释道安的师父竺佛图澄等。中原僧人以师父的姓为姓氏，如释道安的同学竺法汰虽然是中原人，仍然以师父的姓氏竺为姓。

来自大月氏国的僧人多以支为姓，原因

两晋南北朝
第四章 南北纷乱

是支与大月氏的"氏"同音,如著名僧人支谦、支敏度、支亮等。中原僧人支遁便因师改姓,他擅长玄学辩论,与谢安、王坦之等人都是好友。

除此之外,还有安姓和康姓的僧人,他们分别来自西域的安息国和康居国,前者名僧有安世高,后者著名僧人则有康僧会。

❋ 思 考 ❋

(一)说一说你对释道安和鸠摩罗什这两位大僧人的印象吧。

第二节 复国之路

后燕与西燕

苻坚兵败后，北方陷入动乱。曾经臣服于苻坚的慕容鲜卑、羌族、拓跋鲜卑纷纷开始寻求复国或者建国之路。我们这一小节先看看慕容鲜卑的情况。

我们之前说到，慕容垂是因为受到前燕末代君主慕容暐和大臣慕容评的猜忌，才背叛前燕、投奔前秦的。苻坚消灭前燕后，善待前燕的宗室们。我们暂时可以将前燕宗室分成两派，一派是以慕容垂为首，一派则以前燕君主慕容儁的儿子慕容泓、慕容冲为首。

慕容垂对苻坚的感情是复杂的，一方面他很感激苻坚，

两晋南北朝
第四章 南北纷乱

苻坚对待他的投奔毫无猜忌之心，即使王猛多次劝苻坚杀害慕容垂，苻坚仍然信任他；而另一方面，慕容垂是因为受猜忌才来投奔前秦，无时无刻不在想着光复大燕。有这样矛盾的心理，我们也可以理解当苻坚战败前来投奔时，为何慕容垂愿意把兵权交给苻坚。慕容垂对儿子慕容宝与弟弟慕容德说："如果苻秦的运数已尽，命数在我，那我便去关东光复大燕，关西的地盘与我们无关。"

不难看出，慕容垂是一位恩怨分明的豪杰。等到苻坚安全后，慕容垂便借故去了东边燕国的旧地。即使当时苻坚察觉出了慕容垂的异志，但是仍然认为需要守信用，任由慕容垂离去。慕容垂来到了前燕的旧都邺城，这里由苻坚的长子苻丕镇守。苻丕自然对慕容垂心生疑窦，双方都在积蓄力量，准备开战。

384年正月，慕容垂自称燕王，其建立的政权被后世称为后燕。之后，慕容垂与苻丕开始了争夺邺城的战斗。这场战斗进行了一年多，苻丕终究还是打不过慕容垂。385年八月，慕容垂占据邺城，随后又令其第三子慕容农回到前燕的发祥地龙城。386年正月，慕容垂称帝，以中山（今河北定州市）为都城。

以上便是慕容垂建立后燕的概述，接下来我们看看慕容垂的两个侄子慕容泓和慕容冲的复国之路。

慕容泓和慕容冲都是前燕君主慕容儁的儿子，也同是前燕末代君主慕容暐的弟弟。这两兄弟之所以没有投奔叔父慕容垂，其一是因为慕容垂背叛前燕，身为君主的慕容儁和慕容暐两父子是脱不了干系的；其二，他们的家人和族人都还在前秦都城长安之中，他们希望与这些人会合，再图谋大事。

384年，苻坚对于慕容垂的背叛非常痛心。虽然此时慕容垂还在和苻丕交战，不过苻坚已经对关东之地没有信心了，他暂时只想保住关中的地盘。所以，面对慕容泓和慕容冲的背叛，苻坚派遣羌族的姚苌和皇子苻叡讨伐慕容泓，令窦冲讨伐慕容冲。不料，苻叡轻敌被杀，而姚苌担心被责罚，也联合部族开始了反叛前秦的道路。羌族姚苌的故事，我们下小节再做详述。

慕容泓和慕容冲于384年建立的燕政权，史称西燕。第一任君主是慕容泓，不过他很快被部将杀害；慕容冲是第二任君主，他带领鲜卑部队打败了苻坚，占领了长安。然而慕容冲担心慕容垂报复自己，一度不愿意回到关东的前燕故地，这引起了回乡心切的鲜卑部族的不满。386年二月，慕容冲被部将杀害。

对于西燕政权来说，386年是一个特殊的年份，这一年先后经历了慕容冲、段随、慕容𫖮、慕容瑶、慕容忠和慕容永等六位君主，其中慕容𫖮是前燕开国君主慕容儁之孙，慕容瑶是慕容冲之子，慕容忠则是慕容泓之子，这几位都算是前燕的正支。慕容永则是慕容儁从弟的儿子，属于前燕的旁支，加上他又是杀害慕容瑶、慕容忠的凶手，这导致之后的西燕政权一度成为后燕慕容垂眼中的异端和仇人。慕容永于394年八月被慕容垂消灭。

值得一提的是，淝水之战后丁零族部落首领翟斌也举兵叛秦。翟斌于384年投奔慕容垂，因反复无常被杀。其后，翟斌的侄孙翟辽率众割据滑台（今河南滑县），自称大魏天王，史称翟魏。翟魏政权实力弱小，最终于392年为慕容垂所灭。

西羌后秦

上文我们提到了姚苌，姚苌是羌族将领姚襄之弟，二

人的父亲是西晋时的羌族首领姚弋仲。

姚弋仲是生活在南安赤亭（今甘肃陇西县首阳镇）的羌人，永嘉之乱后，姚弋仲乘机把部落迁徙到了雍州扶风郡的榆眉（今陕西千阳县东），然后自立为雍州刺史、护羌校尉、扶风公。后来，姚弋仲投奔了刘曜的前赵政权，封为平襄公，被安置在略阳郡的平襄（今甘肃通渭县西）。前赵灭亡后，姚弋仲又归属后赵，于352年三月去世。

这正是冉闵的冉魏政权在中原搅起动乱的时候，姚弋仲的儿子姚襄乘机攻城略地，然而被前秦军队击败，之后便投奔了东晋朝廷。于是，姚襄出现在了之前"殷浩北伐"的章节中，备受殷浩等人的猜忌，最终背叛了东晋。桓温北伐时，一度击败了姚襄。姚襄不甘于落寞，当时苻生治理下的前秦一度混乱，姚襄认为有机可乘，于是攻打了关中地区。不料，姚襄兵败身亡，其弟姚苌则率众归降了前秦。

苻坚继位后，姚苌活跃在前秦的南线和西线战场，逐渐获得苻坚的信任。淝水之战时，姚苌被任命为龙骧将军，都督益、梁二州诸军事。淝水之战后，就出现了我们上小节讲述的姚苌与苻坚之子苻叡讨伐慕容泓的事件。贪功心

两晋南北朝
第四章 南北纷乱

切的苻叡不听姚苌放慕容泓出关的建议，坚持与慕容泓作战，不幸战死。姚苌非常忧虑，派自己的长史和参军去向苻坚请罪。经历丧子之痛的苻坚倍感愤怒，下令杀死了这两位使者。姚苌得知后，跑到渭北起兵，召集了许多羌族部落，于384年四月自称大将军、大单于、万年秦王。

苻坚见姚苌自立，亲自率兵征讨，一度击败了姚苌的部队，甚至让后秦部队陷入了缺水的境地。可能是上天眷顾姚苌，天降大雨，解决了姚苌的危机。这时，姚苌又与西燕政权联合，计划多线攻打后秦。得知西燕要攻打都城长安的情报，苻坚只能选择撤军，回守长安。

苻坚与西燕的作战极为不顺利，眼见长安要失守。385年五月，苻坚选择让太子苻宏继续守卫长安，自己则率几百骑兵前往长安城西的五将山。之所以选择五将山，是因为当时他发现了一句"帝出五将久长得"的预言。可见，此时的苻坚非常落魄，已经寄希望于鬼神谶纬了。

五将山并没有带给苻坚转机，他在这里遭到了后秦将领吴忠的围攻。原来，姚苌一直在渭水以北扩张势力，他的士兵也恰好在五将山一带掳掠。面对后秦军队的包围，苻坚仍然有帝王之概，神色自若，召人进膳。不久吴忠亲

自来到，将苻坚擒拿，送到了姚苌的大营所在地新平（今陕西彬县）。

相比慕容垂没有在苻坚战败投奔自己时趁机叛弑，姚苌对待苻坚这位故主的态度显得极其忘恩负义。姚苌向苻坚索要传国玉玺，称自己"次应历数，可以为惠"。苻坚听闻，怒斥道："小羌敢逼天子，五胡次序，无汝羌名。"

苻坚不愿求生，继续大骂姚苌，但求一死。姚苌拿苻坚没有办法，偷偷派人缢死了他。苻坚的张夫人与儿子苻诜也跟随自杀，姚苌手下的羌人都深为悲痛。可能是心生愧疚，姚苌不愿意再提到苻坚的名字，给了苻坚一个"壮烈天王"的谥号。以宽厚闻名的苻坚失败了，也正是因为他的宽厚，才让鲜卑和羌族得以背叛而自立。但即使是那些背叛苻坚的人，也从来不敢轻视和嘲笑这位待人仁厚的君主。在得知苻坚的死讯后，弃城而逃的前秦太子苻宏开始了流亡之路，最后在东晋为官。

如前所述，386年的西燕可谓内变丛生，慕容鲜卑很快放弃了长安。姚苌则于386年四月占据了长安，正式称帝，国号大秦，史称后秦。

两晋南北朝
第四章 南北纷乱

> **五胡**
>
> 五胡,一般认为是匈奴、羯、羌、氐、鲜卑等五族,十六国政权的建立者也大多出自这五族。那为何苻坚会对姚苌说"五胡次序,无汝羌名"呢?
>
> 对此,学术界有好几种看法。有学者认为苻坚口中的"无汝羌名"只是特指姚苌这个羌人,他认为姚苌是没有资格得到玉玺和帝位的;也有学者认为五胡的"五"只是一个概数,在十六国及南北朝时期,并没有特定指哪五个部族。

由代到魏

前文曾提及,376 年,苻坚出兵代国。代国君主拓跋什翼犍当时患病在身,无力抵挡。此后,拓跋什翼犍的行踪在史书中出现了矛盾,有的说他被其子拓跋寔君弑杀,有的则说他被其孙拓跋珪绑缚请降于前秦,最后客死于秦都长安。

历史学家李凭先生认为拓跋什翼犍确实是死于长安，不过并不是由当时年仅六岁的拓跋珪绑缚，而是由拓跋珪的母亲贺兰氏（又名贺氏）干的。拓跋珪是拓跋什翼犍的孙子，其父是代国早亡的太子拓跋寔，拓跋珪是拓跋寔的遗腹子。然而拓跋什翼犍在其子死后，居然娶了拓跋寔的妻子贺兰氏，这使得拓跋珪既是拓跋什翼犍的孙子又是他的继子。这种在汉人看来的乱伦事件，在部落里虽然也曾发生，但毕竟是一件丑闻，也让拓跋家官方的史书对此讳莫如深。

代国灭亡后，苻坚令原先归附于代国的匈奴铁弗部的刘卫辰与匈奴独孤部的刘库仁统领代国的部众。当时各族都有联姻，代国的部落首领们并不是只有鲜卑族，也有匈奴人。比如刘库仁的母亲便是拓跋什翼犍的姐妹，这便是鲜卑与匈奴的联姻，刘库仁成了拓跋什翼犍的外甥；而刘卫辰则是拓跋什翼犍的女婿，只不过刘卫辰生性狡猾暴虐，曾一度背叛代国，故而两家结下仇怨。

为了保证拓跋珪的安全，贺兰氏带他投奔了刘库仁。拓跋珪的少年时代算不上幸福，虽然他的姑父刘库仁对他很是照顾，但是刘库仁在384年被部下杀害。随后独孤部

两晋南北朝
第四章 南北纷乱

大乱，新首领刘显甚至想要杀害拓跋珪。拓跋珪无法再待在独孤部，转而投奔了他的舅舅——匈奴贺兰部的贺讷。贺讷与拓跋家关系比较亲近，他自己也是拓跋家的女婿，多重联姻让贺讷与拓跋珪的关系更为紧密，这也促使贺讷为拓跋珪的复国之路提供了帮助。

385年，苻坚被杀，虽然当时苻家子孙还在与后秦做着抗争，但在许多曾经归附于前秦的部族心中，前秦已经名存实亡。所以，拓跋珪谋议复国。

386年正月，十六岁的拓跋珪在贺兰部的帮助下复国。拓跋珪在牛川（今内蒙古锡拉木林河）召开了部落大会，继承了代王的位置。随后，拓跋珪回到了拓跋鲜卑传统的政治中心盛乐（今内蒙古和林格尔县西北土城子），于四月改称魏王。也就是说，此时的代国成为魏国，史称北魏。

当然，拓跋珪的势力还很小，敌人却很多，包括有世仇的匈奴铁弗部的刘卫辰，有新仇的匈奴独孤部的刘显，有位于疆域北方的柔然和高车部，甚至母亲的贺兰部那边也有猜忌他的人。

为了实现胸中抱负，拓跋珪先是向有世代联姻关系的后燕慕容垂求援，而后凭借自身出色的军事能力，加上从

兄弟拓跋仪和拓跋虔等人的相助，势力日益壮大了起来。

386年，拓跋珪击败与自己争夺复国资格的叔父拓跋窟咄。

387年，拓跋珪击败匈奴独孤部的刘显。

388年，拓跋珪击败北方的库莫奚部。

389年，拓跋珪击败北方的高车诸部落。

390年，拓跋珪击败西北方的高车袁纥部，而后联合后燕打败了贺兰部、纥突邻部及纥奚部。

391年，拓跋珪击败北方的柔然，随后又大败世仇匈奴铁弗部的刘卫辰，刘卫辰在逃跑途中被下属杀害。

392年，拓跋珪击败叛逃的西部泣黎大人茂鲜。

393年，拓跋珪击败侯吕邻部、类拔部与薛干部。

可以说，拓跋珪自建立北魏以来，在七年时间里，对大漠南北地区的各部族进行了一系列的征服兼并战争，取得了非常辉煌的战绩，这使得北魏政权在代北立足的同时，也拥有了觊觎中原的资本。同时，也为日后北魏统一北方打下了较为坚实的基础。

两晋南北朝
第四章 南北纷乱

魏的国号

为何拓跋珪要改掉代国的国号呢？一般认为，代国的名号是西晋王朝授予的，拓跋珪要建立新政权，改掉这个国号也算是理所应当。

那么拓跋珪为何要选择魏作为新的国号呢？有学者认为拓跋珪是想继承中原王朝曹魏正统，这表现了他想要进取中原的大志；不过也有学者指出，史学家魏收撰写的《魏书》的首卷《序纪》将拓跋氏国家的成立时代设置为220年，这正好是曹魏代替东汉的年份，与其说拓跋珪是想继承曹魏，不如说他是想代替曹魏进行"代汉"的事业。

思 考

（一）苻坚失败的原因是什么？

第三节 东晋内乱

主相之争

385 年,一代名臣谢安去世。388 年,一代名将谢玄去世。从此,陈郡谢氏淡出了东晋的政治舞台。虽然同样参与过淝水之战的谢琰在之后还有出现,但已经无法左右政治局面了。

383 年八月,谢安奉命主持淝水之战,孝武帝司马曜便让同母弟骠骑将军司马道子录尚书六条事。孝武帝名义上是让司马道子与谢安共同参与决策,实际上只是想分解谢安的权力罢了。谢安并非不明白孝武帝想收回权力的心思,但他没有做出什么反击的措施。

两晋南北朝

第四章 南北纷乱

淝水之战获胜，陈郡谢氏一门可谓劳苦功高，但是谢安没有受到封赏。谢安更加明白了孝武帝的想法，为了避免与皇家发生更大的权力冲突，他在战后请求出镇广陵，远离政治斗争。陈郡谢氏对权势的竞争欲望不强，这在当时的高门里是比较少见的。

谢安死后，司马道子领扬州刺史、录尚书、假节、都督中外诸军事，成为东晋真正的宰相。没有了谢家这样的高门干涉，孝武帝的皇权巩固之路似乎非常顺利。孝武帝对权臣的防范是相当严密的，他招婿时除了要求人才出众之外，还有一个条件就是不能"好豫人家事"，家事指的是皇权，意思就是不可以干预皇权。孝武帝当时举的两个帝婿反例，便是王敦和桓温。

总体来看，孝武帝是一位非常有才能的皇帝，他将东晋的皇权牢牢地攥在司马家的手中，不再受制于门阀，孝武帝成为东晋以来第一个达到皇权顶峰的皇帝。不过，孝武帝也有一些问题，比如经常与弟弟司马道子纵情声色。两兄弟还都热衷于佛教事业，司马道子花了很多金钱在建造佛寺上，孝武帝更是在宫殿内建造了精舍，让僧人尼姑居住。这两兄弟，真可谓志趣相投。

不过孝武帝没有想到，最后的敌人居然是自己的亲弟弟。原来，司马道子掌权后，权欲熏心，任用小人，甚至让倡优（杂耍艺人）赵牙担任魏郡太守，让捕贼小吏茹千秋担任骠骑将军府的咨议参军。赵牙大兴土木，茹千秋卖官鬻爵，司马道子的政治举措，管中窥豹，可见一斑。司马道子的亲信袁悦之更是劝他专揽朝权，司马道子志得意满，对孝武帝时常有失礼的行为。孝武帝即使再不敏感，也要对这个弟弟有所防范了。

当时真正参与朝堂斗争的门阀是太原王氏的两支：其中一支以王恭为首，他的妹妹是孝武帝的皇后；另一支以王国宝、王忱兄弟为首，王国宝的从妹嫁给了司马道子为妃。这两支因为姻亲关系分别倒向了孝武帝和司马道子，虽然太原王氏已经不能如之前的门阀那样左右皇权了，但也同样加剧了主相之争。

389年十一月，孝武帝听从王恭建议，借用他事处死了司马道子的亲信袁悦之。主相之间从隐秘的矛盾变成了公开的斗争。

东晋皇帝与权臣的实力，很大程度上取决于对各大方镇的掌控力度，特别是对身为侨州的青、兖二州（镇京口，

两晋南北朝

第四章 南北纷乱

今江苏镇江市）和荆州（镇江陵，今湖北江陵县）这两处军事重镇的争夺。389年六月，荆州刺史桓石民去世，七月，司马道子便着急让王忱继任。孝武帝自然也不甘落后，既然上游的荆州被司马道子占据，那下游的京口自然不能失去。390年正月，青、兖二州刺史谯王司马恬去世，二月，孝武帝立刻让王恭继任。同年八月，司马道子又让亲信庾楷为豫州刺史，镇守历阳（今安徽和县）。

这样一看，司马道子似乎占据了上风。然而好景不长，392年十月，荆州刺史王忱病逝。司马道子意图让中书令王国宝继任，好把握荆州，然而孝武帝不按套路出牌，越过了王国宝所在的中书省，直接发出亲笔诏书，让亲信殷仲堪接管荆州。如此一来，荆州和青、兖二州都落入了孝武帝的手里，这一次司马道子可谓惨败。

当然，政坛总是风云变幻。仅仅四年后，一件让司马道子高兴不已的事情发生了。

396年九月二十日，孝武帝司马曜仅仅因为一句戏言，便被宠妃张贵人指使婢女用被子活活捂死了，年仅三十五岁。其子司马德宗继位，是为晋安帝。

相比向来被人笑话是白痴的晋惠帝司马衷，晋安帝司

马德宗更像是真正的白痴。史书记载，司马德宗"自少及长，口不能言，虽寒暑之变，无以辨也"，这么一位口不能言、不辨寒暑的皇帝，自然没有能力治理朝政。他的各种施政措施，大都是司马道子、司马元显、桓玄、刘裕等大臣的意图。

王恭之乱

前文提到，会稽王司马道子的亲信王国宝出身太原王氏，然而丝毫没有父亲王坦之的风范。因为品性低劣，王国宝甚至还遭到了岳父谢安的嫌弃。王国宝沉迷权力，在孝武帝司马曜驾崩后便打起了老对手青、兖二州刺史王恭的主意。然而王恭手握实力强悍的北府兵，于是王坦之力劝司马道子召王恭入朝，计划削掉其军权。不得不说这是一个馊主意，但司马道子还是听从了。

397年，王恭以诛杀王国宝为名，率军从京口出发，率军直奔建康；另一边王恭还派人联系同为孝武帝亲信的荆州刺史殷仲堪，邀请他一起出兵。当时桓温的幼子桓玄也在荆州，此时的他只有南郡公的爵位，却没有官职，颇

两晋南北朝
第四章 南北纷乱

有野心的他也力劝殷仲堪出兵。

司马道子看到王恭的奏表，仓皇无措，只好将王国宝及其从弟王绪处死。王恭见状，只得撤兵。殷仲堪虽然没来得及出兵，但是也做足了样子，让司马道子对荆州方面很是忧虑。此外，司马道子一直很忌惮身在荆州的桓玄，毕竟桓温、桓豁、桓冲等兄弟在荆州经营多年，桓家在荆州的影响力不可小觑。恰巧此时桓玄求任为广州刺史，司马道子便允诺了。没想到，桓玄并没有去上任，他明显有更大的野心，这让司马道子颇为尴尬。

虽然司马道子做出了让步，然而他仍然不甘心受到王恭、殷仲堪等人的钳制。这一次，司马道子听从了宗室谯王司马尚之的建议，转而任命王国宝的弟弟王愉为江州刺史，甚至还割让了豫州刺史庾楷（庾亮之孙）的地盘。盛怒之下，庾楷派人游说王恭起兵。王恭认为机会再次来临，于是再次派人联系荆州的殷仲堪。殷仲堪和桓玄等人认为，拥有北府兵的王恭这次必然会成功。于是，不善用兵的殷仲堪派遣桓玄与南蛮校尉杨佺期为前部军队进军。

398年，王恭和殷仲堪同时起兵。眼见这两大方镇出兵，声势浩大，司马道子被吓坏了。于是，司马道子把权

力交给了年仅十七岁的儿子司马元显,让他和谯王司马尚之等人去对付。

以当时的实力来说,王恭和殷仲堪作为最强的方镇,加上有豫州刺史庾楷相助,对付东晋朝廷的军队绰绰有余。然而,因为王恭轻视手下的北府名将刘牢之,让颇为聪慧的司马元显抓住了机会。刘牢之在司马元显的蛊惑之下,发动了叛乱,王恭就此身亡。

另一路,殷仲堪的军队一路凯歌,桓玄击退了江州刺史王愉,杨佺期击败了谯王司马尚之,二人的部队已经到了石头城。不过,面对刘牢之的北府兵,桓玄和杨佺期也没有信心。当然,司马道子等人也不知道荆州军队的虚实,为了息事宁人,司马道子任命桓玄为江州刺史,杨佺期为雍州刺史。王恭之乱,就此落下了帷幕。

司马元显见自己平定了王恭之乱,非常得意。此时,司马道子沉迷酒色,身患疾病,于是司马元显接管了父亲的权力,开始经营自己的大计。

399年,司马元显认为东晋皇室之所以被军阀欺凌,是因为兵力不足。于是,司马元显盯上了那些免除了官奴身份的大族佃客的主意,征召这些佃客入朝为兵,还号称乐属（乐于归属之义）。司马元显此举，自然引起了大族和佃客们的不满，三吴地区顿时大乱，这给了天师道首领孙恩以机会。

佃客经济

两晋南北朝时期，朝廷对于各级官吏会给予不同数量的荫客户数，越高的官员拥有的荫客自然就越多，由此便出现了许多拥有家兵、部曲、佃客、奴婢的大族。他们利用这些佃客的依附，掌握着许多庄园与农田，从而可以积累越来越多的财产。高门就靠着这些庄园经济，不断扩张自己的实力。

高门的佃客越多，那么给朝廷纳税的人就越少，这也是为何司马元显会打佃客的主意。当然，这并不是明智的做法。因为这不仅侵犯了大族的利益，也剥夺了佃客们相对的人身自由。毕竟佃客虽然需要务农做工，但终究不像从军那样有生命危险。

孙恩之乱

天师道是道教在民间的一个流派，其前身可以追溯到东汉末年张鲁的五斗米道。当时不仅百姓信奉天师道，就连包括司马家宗室、琅邪王氏、陈郡谢氏等在内的世家大族也信奉。天师道有许多支属，各地都有天师道的道士，在这之中，居住在钱塘（今浙江杭州市西南）的杜子恭更是受到大族们的尊重。

杜子恭现存的许多记载都颇有传奇性，比如他预言了吴郡陆纳的寿命，又断言了王羲之的死期，这些看似很虚无，但名将谢玄的孙子、日后成为大诗人的谢灵运，幼时一直居住在杜子恭的家中。所以，谢灵运又有"谢客"的名号。谢灵运出生于385年，十五岁时才回到自己的家中，这一年正好是孙恩动乱爆发的399年。

杜子恭有一名弟子名为孙泰，其祖上是八王之乱中赵王司马伦的谋士孙秀。孙泰颇有野心，本想乘王恭之乱密谋造反，不料却被镇压身亡。孙泰的侄子孙恩也因此受牵连，甚至跑到了海岛避难。

399年，因司马元显大肆征召佃客为乐属，三吴地区

两晋南北朝

第四章 南北纷乱

大乱。孙恩知道自己的机会又来了,便发动了叛乱。孙恩利用天师道的民间基础,迅速集结兵马,开始攻城略地,他先是攻下了会稽辖境的上虞县(今浙江绍兴市上虞区),随后又攻打了会稽。

会稽内史王凝之是王羲之的儿子,也是一位天师道的信奉者,得知孙恩来攻打时,他居然不派人守备,反而通过祈祷邀请所谓的鬼兵前来相助。当然,鬼兵不会前来,孙恩攻破了会稽,杀死了王凝之父子。王凝之的妻子谢道韫在危难之际,表现比丈夫强了上百倍。谢道韫率领婢女迎战,甚至还杀死了几位贼兵才被俘虏。当时谢道韫的外孙刘涛年方数岁,谢道韫紧紧护着外孙:"这是王家的事,为什么要关联其他家族。如果非要杀的话,我愿意先受死。"孙恩见状,颇为钦佩,便放过了谢道韫。

孙恩攻下会稽后,自号征东将军。因三吴地区很多人对东晋王朝不满,纷纷响应孙恩,一时之间孙恩的势力达到了几十万人。朝廷派曾经参与淝水之战的名将谢琰和刘牢之出兵,这才暂时击退了孙恩。

谢道韫

谢道韫是谢安兄长谢奕的女儿，也是谢玄的姐姐，其人非常有才华。少年时，有一次，谢安和众多子侄一起在下雪天聚集，不一会儿雪下得急起来，谢安问道："白雪纷纷何所似？"谢安之侄谢朗回答道："撒盐空中差可拟。"谢道韫则回答道："未若柳絮因风起。"当时雪下得很急，谢朗的句子自然是在描摹下雪的情状，而谢道韫则不拘泥于眼前，把雪花的另一番神韵给描摹出来，故而谢道韫有"柳絮之才"的称号。

谢道韫诗才上佳，其作《拟嵇中散咏松诗》表达了内心的不俗志向；除此之外，她在玄学方面的天赋也颇为惊人，曾经帮助小叔子王献之在论辩中解围。当时人人都说谢道韫神情洒脱，有林下风气，即有竹林名士的风韵气概。

两晋南北朝

第四章　南北纷乱

后燕的衰败

东晋内乱之时,北方也发生了翻天覆地的变化。在这里简要叙述一番。

慕容垂自淝水之战后建立后燕政权,凭借自身强横绝伦的战术才能,使得后燕成为中原的大国。北魏拓跋珪建国之初,曾受到慕容垂的多次帮助,得以击败刘显和刘卫辰等人,可以说这段时间北魏相当于后燕的附属国。慕容垂虽然和拓跋鲜卑有联姻关系,但是帮助北魏也是为了自身能够更好地向中原发展,甚至期望依靠控制拓跋珪来统治漠北。当然,拓跋珪是不甘于受控制的人。随着北魏势力的逐渐增大,与后燕的矛盾也越来越多。

394年八月,北魏击败了匈奴铁弗部,从而成为代北地区的王者。这一年,后燕也消灭了被慕容鲜卑旁支统治的西燕政权。395年,北魏与后燕断交。同年七月,慕容垂派遣太子慕容宝为统帅,率军八万讨伐北魏,慕容垂的弟弟慕容德与慕容绍则作为后继。慕容宝不明军事,指挥接连失当,在参合陂(今山西阳高县)被拓跋珪打败,军队几乎全军覆没。

两晋南北朝
第四章 南北纷乱

396年三月,已有七十岁高龄的慕容垂出兵复仇。拓跋珪虽然年轻,但是仍然不敢与慕容垂这位老将硬碰硬,选择让从兄弟拓跋虔留守平城(今山西大同市东北)。拓跋虔是北魏名将,跟随拓跋珪平扫代北,史书称其"武力绝伦""勇冠当时"。然而轻敌的拓跋虔和慕容垂交战后,居然一战而死,平城就此失守。这让北魏举国悲叹流涕的同时,也让拓跋珪萌生退意。

令双方都没有想到的是,明明大胜之后的后燕军队,居然在参合陂祭奠阵亡将士时士气低落。慕容垂见军心涣散,不禁呕血,年老力衰的他只得选择撤军,可惜他在途中病逝。慕容垂死后,其子慕容宝继位,这也标志着后燕政权的衰落。毕竟没有慕容垂的后燕,在拓跋珪眼中就如同一盘散沙。

396年八月,拓跋珪决意讨伐后燕,将北魏的领土向中原拓展。拓跋珪此次出兵四十六万,分多路攻打后燕。此时的后燕还在忙于政治斗争,比如大臣慕舆皓甚至想谋刺慕容宝,改立其弟慕容麟。慕容宝的能力实属欠佳,他放弃了都城中山,逃往了慕容家的老家龙城。

397年十月,北魏军队攻克后燕都城中山,后燕在中

原地带的大部分领土相继被北魏占领。慕容鲜卑从此分成了两支：以慕容宝为首的鲜卑贵族继续在龙城盘踞，延续着后燕的国祚；而慕容垂的弟弟慕容德则于398年自称燕王，之后占据了原西晋的青州、兖州一带，建都广固（今山东青州市西北）史称南燕。

398年七月，拓跋珪迁都平城，于十二月称帝，史称道武帝。

桓玄篡晋

孙恩内乱让司马道子父子控制的东晋朝廷头疼不已，却给了西边的桓玄以机会。

桓玄（369—404），字敬道，是桓温的幼子。桓温去世时桓玄年方五岁，却得到袭封南郡公爵位的资格。不过，因为桓温曾经有过谋反的迹象，所以朝廷对桓玄及其兄弟们都很防范。

桓玄风神疏朗，很有人格魅力。他不仅精通玄学，在艺术方面也颇有天赋，比如他和擅长绘画的顾恺之就非常交好。桓玄二十三岁时，得任太子洗马，之后又任义兴太守。桓玄郁郁不得志，发出了"父为九州伯，儿为五湖长"的感慨。平心而论，桓玄能在二十几岁得任太守，仕途不能说不顺利。只不过，桓玄野心颇大，于是他辞官回到了封地南郡（治江陵，今湖北江陵县），等待时机，才有了之前的故事。398年王恭第二次举兵时，桓玄才三十岁，就已经是江州刺史了。

荆州刺史殷仲堪都督荆、益、宁三州，名义上是荆州地区的最高统帅。殷仲堪非常忌惮桓玄和杨佺期：桓玄依靠父亲桓温的余威，在荆州一带颇有势力；杨佺期出身于汉末名门弘农杨氏，不过渡江到东晋时已经成为流民帅了，并不受人待见。其人军事才能颇高，几个兄弟也都是性格粗豪之辈。此时，桓玄是江州刺史，屯兵在夏口，杨佺期是雍州刺史，屯兵在襄阳。

相比之下，殷仲堪更愿意和杨佺期合作，于是两家联姻结盟。司马道子与司马元显父子也期待看到这三位内斗，于是朝廷诏令桓玄都督荆州的长沙、衡阳、湘东与零陵四郡，还让桓玄的兄长桓伟顶替了杨佺期兄长杨广的南蛮校尉之职，这明显是想激化三人之间的矛盾。对此，殷仲堪选择了隐忍，而杨佺期则准备起兵反抗，但是被殷仲堪制

止了。很显然，殷仲堪也不希望杨佺期能因此坐大，可见二人的合作毫无前途可言。

399年，荆州发了水灾，殷仲堪放粮赈济灾民。桓玄乘势攻打殷仲堪，殷仲堪军队大败。为此，殷仲堪召来了杨佺期的援军，可是没有粮草提供给轻车简从的援军。桓玄自然乐见其成，很快便消灭了殷仲堪和杨佺期，一下子便占据了荆州和雍州。

400年，司马道子父子见桓玄势大，懊悔不及，但是也只能任命桓玄为荆、江二州刺史，都督荆、江、司、雍、秦、梁、益、宁八州。此时桓玄的权力已经接近当年桓温在荆州任职的时候了，他也越发膨胀，准备谋权篡位。

402年正月，孙恩之乱稍稍平定，司马元显决定讨伐桓玄，以北府名将刘牢之为前锋都督。桓玄则以讨伐司马元显为名，出兵直指建康。当然，桓玄最担心的还是刘牢之，不过他知道刘牢之与司马元显不和，于是派人游说刘牢之。刘牢之也担心如果除掉桓玄，自己也会被司马元显消灭。几番犹豫，在政治上一向天真的刘牢之决定再次背叛。

三月，刘牢之倒戈后，司马元显不堪一击，桓玄顺利率军进入建康，得掌大权。当然，桓玄并不会放过刘牢之，此时的刘牢之想要再次背叛，却再也得不到北府将领们的支持。就这样，一代名将刘牢之走投无路，自刎身亡，其子刘敬宣则逃往了南燕。桓玄则自任为太尉、扬州牧，在当年先后处死了司马元显和司马道子等人。

403年十一月，桓玄逼迫晋安帝禅位，随后将晋安帝安置在寻阳。十二月，桓玄正式称帝，国号为楚，史称桓楚。

顾恺之

顾恺之（348—409），字长康，东晋著名画家，代表作有《女史箴图》《洛神赋图》《列女仁智图》等。其画技高超，如把曹植的《洛神赋》演化成了飘逸浪漫、诗意浓郁的《洛神赋图》，便是一证。

顾恺之被当时人称为三绝，即才绝、画绝、痴绝。才绝和画绝非常好理解，自然指的是顾恺之的绝世才学与绝妙画艺，他的痴绝则可以通过他与桓玄的一则逸事看出。顾

恺之曾经把一幅画寄存在桓玄处，桓玄非常珍惜，于是偷偷把内画偷了，却留下了顾恺之的封题。后来顾恺之见到了，不怀疑画被偷了，反而说"妙画通灵，变化而去，如人之登仙"，可见其人之痴。

思 考

（一）孝武帝司马曜去世后，东晋先后出现过哪些动乱？